AF390713

LES

DITHYRAMBES.

Imprimerie de Pommeret et Guénot, rue Mignon, 2.

LES
DITHYRAMBES

PAR

SIMÉON CHAUMIER.

PARIS

AUGUSTE LE GALLOIS, ÉDITEUR,

AU BUREAU DE L'AGENCE DE TRADUCTION, RUE COQUILLIÈRE, 20.

POUGIN, LEGRAND,   DENTU, DELAUNAY,
V. MAGEN,   LADVOCAT,
Quai des Augustins.   Au Palais-Royal.

AU DÉPOT, RUE CHRISTINE, 10.

—

1840

A mon Beau-Père

(M. RAOUL).

En classant ces dithyrambes, père, je pensais à vous, car je vous dois le premier et le dernier, la fin et le commencement.

Siméon Chaumier.

Le rhythme est pour le poëte proprement
dit le plus riche présent du langage. Le
Verbe, de qui émane toute beauté phylologi-
que, l'a donné à la pensée de l'homme comme
Dieu le père a donné à l'oiseau ses ailes
pour qu'il puisse s'envoler vers toutes les ré-
gions habitées par l'esprit. Il doit donc être,
aux mains de l'idée, un instrument, non
pas une action, un levier, non pas un calcul

des forces, un nerf, non pas une direction. Esclave par son origine créée, il est né pour servir éternellement de valet à l'intelligence qui se produit par la forme prosodique; il est enfin, dans la poétique, ce qu'est dans l'homme le bras, le jarret, les vertèbres, les nerfs, les muscles.... tous leviers au service de la pensée... c'est un aide, non pas un agent...

Cependant, jusqu'à ce jour, les hommes du plus grand talent ont vu dans le rhythme un but plutôt qu'un moyen : de là, il est vrai, de grands tours de force en linguistique, mais aussi, au point de vue de l'art, une erreur pernicieuse; car, prenant les moyens pour les fins, la machine pour l'ouvrier, ils ont vu un but à atteindre dans les diverses routes qui mènent à un but; en un mot, ils ont changé les conditions d'activité : la forme, qui doit obéir, a commandé, et la pensée, qui doit commander, a obéi; l'esclave-né a été maître, le maître-né a été esclave.

En réfléchissant sur la nature de l'homme et sur la nature des choses, on ne peut, par tout ce que l'on voit dans la création, s'empêcher de penser, sans pour cela être spiritualiste, que l'œuvre de Dieu appliquée à l'homme ou par lui exploitée n'ait été faite qu'en vue d'exercer les forces intellectuelles de ce roi du monde; et si, pour abréger, ainsi qu'il convient de le faire, les investigations positives ou scientifiques, de fait ou de théorie, on borne ces considérations aux rapports de l'homme avec les langues, et surtout aux fonctions des langues chez l'homme, on arrive à savoir :

Que le langage a été créé par Dieu, et donné à l'homme pour arrêter et épandre sa pensée;

La pensée lui a été donnée pour voir et

savoir la création et le Créateur, les choses et l'être.

Il y a donc en elle **deux** principes d'action, le sens intime et les impressions. Le sens intime représente l'intelligence, les impressions traduisent les sens.

A juger par analogie, pour éviter les dissertations métaphysiques, l'homme étant dualitairement harmonique, le sens intime est multiple en nous, car les impressions sont de bien des sortes : du côté de l'intelligence comme du côté des sens il y a donc une excessive variété. Mais la pensée, elle, provenant du sens intime et des impressions, peut-elle, dans le langage qui lui sert d'intermédiaire entre l'esprit et la matière, et dont il n'est que l'auxiliaire, la pensée peut-elle, dis-je, lorsqu'elle est l'agent qui produit, être subordonnée à l'action produite, le discours? Non évidemment.

Il suit de là que le rhythme est un moule à
la pensée, et il est multiple comme elle, mais
parce qu'elle l'est.

Je ne connais dans la création qu'un moule
qui contienne en lui les pensées de l'homme
et qui les contient toutes, mais ce moule me
semble être le creux de la main de Dieu : c'est
le crâne contenant le cerveau de l'homme. Et
ici même, tout matière qu'il est, le cerveau
est encore l'agent, car c'est lui qui est le siége
du sens intime et des sens, de l'intelligence et
des impressions... Là, sur cette terre, se résume l'œuvre du Créateur.

De ce qui précède résulte, pour la poésie
rhythmique, une variété, bien entendu subordonnée aux capacités infiniment variables
du sens intime et des sens; voilà pour la loi
de création. Mais pour la loi d'esthétique di-
sons : Toute pensée, si elle a sa face, a son
revers, son principe et sa déduction; tout

rhythme doit donc être artistiquement coor-
donné pour exposer et pour déduire l'idée
au gré de l'idée, qui, fille de Dieu, a appris
de lui ce qu'il lui faut pour se produire et se
retirer; car, n'étant pas uniforme par nature,
elle choisira pour briller poétique le moule
qui ira le mieux à sa taille. Et de l'ensemble
de ces diverses phases métriques, dans la pro-
sodie, rhythme ïambique, rhythme asclé-
piade, rhythme hexamètre, etc., surgit un
système de rhythmes successifs qui présente
une physionomie prosodique entendue, agencée, fondue, déduite, qu'on appelle *dithyrambe*.

On le voit au point de vue du code de la
création, au point de vue du code d'esthétique, cette forme est la mieux appropriée à
la nature de la pensée; mais ce n'est pas là
tout, car aucune forme poétique peut-être n'a
mieux convenu à aucun peuple que la forme
dithyrambique ne convient à notre France

moderne. En effet, le dithyrambe est dans le domaine poétique la forme libre : eh bien ! dans le domaine des faits sociaux, la France moderne n'est-elle pas, par ses institutions, la nation libre?... du moins elle se pique de l'être.

Ainsi, au point de vue naturel et au point de vue politique, selon la nature des choses réelles et selon la nature des choses de convention, le dithyrambe est l'expression la plus palpitante, la plus nette de la pensée de l'homme avec tout ce qui l'environne, soit fait humain, soit œuvre de Dieu.

Ceci me semble justifier suffisamment la forme de cette publication. Deux mots quant au fond.

Il y a souvent dans l'écrivain deux hommes : le poëte et le publiciste.

Le publiciste est l'homme du raisonnement, du sens intime, de l'intelligence; il faut que son thermomètre à l'idée reste toujours à la température des caves, froid et invariable.

Le poëte, lui, mobile comme l'impression de tout, de qui naît toute poésie, a besoin, pour écrire, que sa boussole, le caprice, par ses impressions, par les sens, affole à tous les vents, à toutes les variations de ses émotions ; il lui faut chaleur et *variabilité*.

Car le poëte étant l'interprète de tout ce qui est, hommes et choses, œuvres de Dieu et œuvres de l'homme, il doit palpiter variablement, suivant qu'une chose, dans les événements ou dans la création, le stimule et l'inspire ; il doit donc traduire ses impressions ; et, comme tout est variable ici-bas, cet effet de toute nature doit amener dans son œuvre le variable. Le publiciste, au contraire, étant le résultat penseur de l'œuvre exclusive de la société au point de vue des institutions, il doit reproduire le caractère essentiel des faits

sociaux, le même dans toute loi écrite sur par-
chemin, le beau fixe.

Chez l'un donc l'opinion sera immuable,
chez l'autre elle vivra flottante, ou plutôt le
poëte sera sans opinion, le publiciste sans impressions.

Évidemment donc je n'ai pas prétendu en
ce volume donner l'élan à la muse politique,
cela viendra peut-être plus tard, ayant traité
ici le vers purement au point de vue de l'écrivain poëte proprement dit. J'appelle donc
l'attention du lecteur plutôt sur la forme
rhythmique que sur le fond; et ceci ressort
essentiellement de la variété des sujets que j'ai
traités.

Toutefois, au point de vue de l'art, peut-
être trouvera-t-on dans ce volume unité
dans le fond de l'idée ou des idées; variété
dans la forme, soit syntaxe, soit, ce qui est
harmonie du tout, dans la diversité, voire la

variabilité des parties se rattachant à une
idée-mère, au fond quelque peu marquée, si-
non tout à fait apparente.

Enfin, si l'on n'était pas généralement pris
de la mauvaise habitude de penser que les
grands mots sont les grandes choses, je dirais
que ce livre est une épopée intime fièvreu-
sement faite par dithyrambes.

Mars 1840.

A ma Fille.

I.

Bonjour, bonjour, enfant ! bonjour, ma chère fille...
Bonjour ! — bonjour autant que ta nuit fut gentille...
Oh ! bonjour par le cœur — de la lèvre bonjour —
Bonjour, ma belle enfant — ma fille, mon amour !...

II.

Enfant qui pleure,
Après une heure
Et joue et rit ;
En lui les larmes

Sont de doux charmes
Dont son œil vit!...

Brillante perle
Quand elle aferle
Dans son humeur,
Ce qu'elle brigue,
C'est que sans digue
Elle aille au cœur!...

III.

Quelle belle figure et s'éveille et se pose,
Qui de sommeil bouffie en est encor plus rose!
Dans un cristal en larme elle aperçoit les cieux
Rendus plus transparents par ce cadeau des yeux,
Qui, rosée abondante, ainsi qu'en un calice
Roule sur la pétale avant qu'elle pâlisse!...
Sa prunelle est humide ainsi chaque matin,
Comme au soleil couchant la fleur l'est du serein.
Sur la fleur seulement c'est l'étoile qui pleure,
Et sur son œil d'azur c'est la santé qui fleure...
L'étoile, la santé : deux grands présents de Dieu,
Qui, la nuit, vont cherchant chacun leur camaïeu
Brodé par l'Éternel sur une double étoffe,
L'une par l'autre unie en l'œil du philosophe...
Une fleur, un enfant; un enfant, une fleur,

Dans deux ordres distincts n'est-ce pas un au cœur?
Car où trouver jamais plus égale faiblesse,
Plus charmantes couleurs, plus d'odeur de jeunesse,
Tige plus onduleuse au vent qui la distrait,
De plus grands petits soins, plus de charme et d'attrait?
Dirait-on pas vraiment à sonder la nature,
Vaste parterre où croît l'Être en sa créature
Dans le rang qu'elle y tient, que pour créer la fleur
Dieu, du sein d'un enfant en sa main prit le cœur,
Et qu'appuyant dessus sa prunelle divine,
Fit qu'elle se sentît de sa noble origine?

    Tes yeux nourris de pleurs peuvent-ils voir le jour
Sous l'eau qui les remplit, ma belle fleur d'amour?
Voyons, conte-moi ça? — Mais tu parles — tu jases!
Les mots que je te dis de mots tu les écrases...
Pauvres graves discours de l'homme piaffant,
Qu'êtes-vous, répondez, devant ces mots d'enfant?...

Si son verbe
Moins superbe
Et moins vain
Ne sait rien;
Sa pensée
Élancée
Va, sans art
Et sans fard,
Vive flamme,
Jusqu'à l'ame,

Bonne au cœur
De quiconque
N'eût-il onque
La faveur
De l'entendre
Vibrer tendre,
Le matin,
Quand son timbre,
Qui se timbre
Argentin
Dans l'oreille
Qui s'éveille,
Joue câlin
Ou mutin
Pour mieux plaire
A sa mère,
Le lutin!...

Ce langage si simple et si grand de puissance
Devait être celui du monde à sa naissance
Quand, échappé vivant des mains du Créateur,
Il alla meilleur rendre hommage à son auteur.
Ignorant de la règle et pourtant beau de forme,
Sur le nerf qu'il distend ne croyez pas qu'il dorme...
Si, folâtre et changeant il s'accroche çà là,
C'est que toujours il brille où son caprice va!...
Tant il voit juste au cœur dans les replis qu'il sonde
Qu'on croirait que son verbe a le secret du monde :

Et pourtant que sait-il de la forme et du fond?
Mystère grand en soi qui plaît et nous confond!
Car, tout simple qu'il est, c'est de Dieu qu'il émane,
Et qui chaque matin de son cœur tombe en manne;
Mais c'est surtout ton verbe, oh! ma vierge d'amour,
Qui charme mon oreille et mon cœur tour à tour...

La parole
Qui s'envole
De ton sein,
Au matin,
Est le nonce
Qui dénonce
A mes yeux
L'astre aux cieux :
Encor mieux
Que l'étoile,
Fleur du voile
Mis le soir
Pour ce globe
Sur sa robe
A fond noir,
Ne me donne,
Chaste et bonne,
Le signal
Des prières,
Ces barrières
De tout mal!...

Et mon ame,
Qui s'enflamme
A ton feu
Porte à Dieu,
Par ta bouche
Qui le touche,
Son pur vœu!...

IV.

Oh! ce vœu je le forme, enfant, dans mes prières ;
Il est pour toi, vois-tu, comme sont mes paupières
Attentives à voir chaque pas de tes pas ;
Comme est mon âme active à suivre ta pensée,
Céleste messagère en la mienne insensée,
Qu'avec transports humains je colporte en mes bras.

Il est pour toi ce vœu comme à toi sont mes veines,
Qui donneraient leur sang pour prévenir tes peines,
A toi, si bonne à tous, si charmante pour moi ;
Il est pour toi ce vœu comme ainsi, je l'espère,
Ceux que tu m'enverras seront faits pour ta mère ;
Oui, tout vœu que je forme, enfant, il est pour toi,

Il est pour toi ! car j'aime avant tout sur la terre
L'enfant qui sur tout être aime avant tout sa mère !
Et ta mère, je sais, tu l'aimes avant tout !...

Avant tes jeux, avant tout ce que l'enfant aime :
Hochets, joujoux, bonbons, toilette, avant moi-même ;
Avant moi qui par là t'aimerai jusqu'au bout...

Oh ! ce vœu je le forme en toutes mes journées ;
Je l'emporte avec moi dans toutes mes tournées
Au milieu de la ville, où l'œil tourne à tout bruit ;
Je l'emporte avec moi quand tombe la lumière
Et que, pieux au temple, asile de prière,
Je vais rêver tout seul dans mon cœur qui te suit.

Oh ! ce vœu je le place, auréole à ta tête,
Pour qu'étourneau d'amour il te serve de crête
Dans les mille détours où s'égarent tes jeux ;
Afin qu'encore là lorsque ta gaîté brille
Tu puisses ressentir en ta joie, oh ! ma fille.
Les effets permanents de ce que je te veux.

V.

Toi, vierge innocente,
A changer sois lente ;
Vierge, mes amours,
Garde ta folie ;
Bien longtemps oublie
De savoir les jours...

Joue et vole!
Cours, frivole,
Belle enfant,
Dans le rêve
Qui se lève
Triomphant
Sur ta vie,
Qui convie
En leur fleur
Toutes choses
Que tu poses
Sur ton cœur...

Nage! et noie
Dans la joie
De tes cris
Mille idées
Déridées
De grand prix ;
Que ton âme
Qui les clame
A tout vent,
Oh! ma fille,
Les distille
Bien souvent!

Voyez : elle danse,
Oublie et s'élance,

Charmant papillon,
Dans sa gymnastique ;
Le plaisir la pique
De son aiguillon !...

Rien ne la déborde :
Qu'elle saute en corde
Ou sur le tremplin,
La docile grâce
Met partout sa trace
Sous son pied malin !...

Soit qu'infatigable
Elle roule un diable
Entre deux bâtons,
Ou qu'elle le jette
En l'air, sur sa tête,
Rien ne l'interrompt !...

Croise-t-elle à l'amble
Deux cercles ensemble
En double encensoir,
Son œil sur sa bague
Jamais n'extravague
A la laisser choir !...

Toujours elle attrappe
Son volant que frappe

La corde à boyau
Croisant sa raquette,
Et qui le rejette
En ciel de nouveau !...

Soit qu'elle poursuive,
Indolente ou vive,
Un cerceau qui fuit,
Sa main qui le guide
Et le tient en bride
Le fouette et le suit !...

A la promenade
Elle est camarade
A tous les bambins !
Elle aime l'agile,
Soutient le débile
Et fuit les lambins !...

Mais dans la phalange
Faite sans mélange
D'enfants à son choix,
Mon cœur, qu'elle change,
Alors rit aux anges
Dès qu'il l'aperçoit !

Car ce que je choie,
Enfant, c'est ta joie

Toujours piaffant!
Ainsi sans échange,
Garde ton cœur d'ange,
O ma chère enfant!...

O vierge innocente,
A changer sois lente;
Vierge, mes amours,
Garde ta folie;
Bien longtemps oublie
De savoir les jours...

Que ta tête
Que je guette
Tourne aux vents
Des accents
De ta mère,
Qui, viscère
De ton cœur,
Cueille calme,
Pour sa palme,
Toi, ma fleur!...

Que ton ame
Qui réclame
Tous mes soins,
Sans témoins,
Fraîche rose,

Brille éclose
Loin du bruit,
Car le monde
Qui tout fronde
Tout détruit!...

VI.

Peut-être as-tu déjà senti sa main qui blesse
Te faire en minaudant quelque fausse caresse!
Oh! ne vas pas la croire, enfant, autre qu'elle est;
Car tu sauras un jour, pour toi tristes sciences,
Tout ce que cette main pleine de bienséances
Contient pour son plaisir de poisons et d'attraits.

Peut-être as-tu, ma fille, au sein de tes cohortes,
Sous les fleurs de ton âme et qu'aux autres tu portes,
Laissé, sans l'avoir vu, glisser quelque serpent;
Car la vipère, enfant, se cache au pied des roses
Pour mieux, sachant qu'on doit les cueillir dès qu'écloses,
Plonger son dard impur dans la main qui les prend.

Sans doute, chère enfant, parmi tes gaîtés folles,
Que tu n'as pas, au bruit faux des autres paroles,
Mêlé le bruit si pur de tes jeunes accents;
Mais l'heure à pas de course apporte les années.

Et prodigue avec nous les rejette à brassées
Sur la tête du père et celle de l'enfant!...

Bientôt tu connaîtras... D'ici que tu connaisses,
Jouis, ivre aujourd'hui des ans de tes ivresses;
Sans voir ce qui sera plonge-toi dans les jeux!
Car la vie, affreux phare ou tu vas bientôt naître,
Au dépend de ton cœur tu sauras la connaître,
Et sa grande devise est : A sauve qui peut!...

Alors, au lieu des cris qui partent de ton âme,
Il te faudra chercher, rude travail infâme,
Des accents composés étrangers à ton cœur;
Et dans tes passe-temps aujourd'hui si folâtres,
Les leçons du grand monde, implacables marâtres,
Viendront, comme aux méchants, t'imposer leur aigreur

VII.

Ta journée
Terminée
En courant,
Calme et bonne
Se couronne
En priant!...

Ta prunelle

Qui luit belle
Au soleil,
Plus jolie
Est remplie
De sommeil...

Ta parole,
Gaie et folle
Le matin,
Endormie,
Meurt amie
Sur mon sein...

Ta main douce,
Qui trémousse
Tout le jour,
Affaiblie,
Tout oublie
A son tour...

O ma fille,
Dors, gentille!
Dors ta nuit;
Dors encore
A l'aurore
Qui la suit!...

Dors, chère enfant... dors, innocente et pure,

Dors; le sommeil dont la main tout épure
Aura pour toi, bon père de tes yeux,
A te donner la nuit de nouveaux jeux.
Dors!... Lorsque l'ombre a passé bien remplie,
La veille heureuse au jour qui naît se lie
Et met au cœur la paix : rare trésor,
Et sur le front un large cercle d'or!...
Car dans la nuit, l'âme, moins condensée,
Apporte au cœur son baume de pensée,
Distend les nerfs, ces grands agents des yeux,
Et l'âme y vit de la manne des cieux.
Dors! ton haleine, où tant d'amour converge,
Pendule exact, de ta vie encore vierge,
Va battre pleine, en ton poumon compteur,
Le cours du sang, en secondes au cœur.
Dors, mon enfant! du sommeil dont les astres
Dotent le corps exempt de leurs désastres,
De ce sommeil vide des songes-creux
Où le cerveau voit mille objets hideux.
Dors, chère enfant, du sommeil que Dieu donne
A tout enfant que son amour couronne,
Dors, rose et belle, ainsi toute ta nuit...
Je vais veiller qu'on écarte le bruit,
Je vais veiller près de toi, vierge sainte,
Je vais veiller; dissipe toute crainte.

Envole-toi dans ton sommeil
Jusque dans le pays vermeil

Des doux songes, chaste chimère,
Qui pour toi, comme fait ta mère,
T'enlacent dans leurs bras pieux
Et font circuler dans tes yeux
Ces mille rayons de lumière
Que l'amour seul ou la prière
Permettent à l'homme ici-bas
Dès qu'il sort d'être enfant... hélas...

Toi qui l'adores sans mélange,
Envole-toi près de ton ange,
Jusqu'au seuil de son paradis,
Parle haut ce que tu lui dis,
Pour que ma plume, qui t'écoute,
Ni ne retranche ni n'ajoute
A ton verbe, noble inspiré,
Qu'avec amour j'ai respiré
Quand sur ta lèvre fraîche et rose
En traits de l'âme il se dépose ;

Car la parole du sommeil,
Écho de celle du réveil,
Plus pleine encor de poésie,
Est une coupe à l'ambroisie
Dans laquelle le rhum divin
Brûle, inspirateur et sans fin ;
Comme au cœur de ces cassolettes.
Lampes de feu que tu reflètes.

Qui pendent de la main de Dieu
Dans le ciel, imposant milieu.

Folâtre dans quelque gai songe
Où parfois ton être se plonge
Comme en un torrent merveilleux ;
Vole jusqu'au sol radieux,
Pour nous, obscurités profondes,
Où s'entremêlent tous les mondes
Quand chez nous le rêve étouffant
T'emporte au loin, heureuse enfant,
Pour visiter par la pensée
La chose à l'âme fiancée...

Mais de sa voix
Une parole,
Je crois, s'envole,
Lente parfois ;
Prêtons l'oreille...
Douce merveille !
Selon mon vœu
Elle a dit : Père...
Elle a dit : Mère...
Elle a dit : Dieu !...

Puisque ton rêve
Est bon, achève
De le finir :

Où ta pensée
Est adressée
Tu peux dormir !...

Enfant, repose !...
Que ta nuit rose
Comme ton cœur,
Comme lui pure,
Pour toi s'épure
En ta faveur !...

Enfant, ta nuit coulera bonne ;
Et la mienne, qui te couronne,
Passera calme près de toi...
De toute chose c'est la loi :
Quand la paix dans le sein réside
Toujours le doux sommeil préside,
Étrange expression d'amour,
Ou soit la nuit, ou soit le jour,
Pendant le cours des destinées,
Sur nos heures prédestinées...

Ainsi pour nous Dieu le voulut,
Ce qui doit être et ce qui fut,
Alpha de sa toute science
Touche au zéta de sa puissance ;
Car son verbe a tout embrassé !
Et quand l'homme est embarrassé

Dans les mille replis des choses,
Toujours lui faisant voir les causes,
Son intarissable splendeur
Lui met une lumière au cœur.

O mon Dieu ! toi qui me consoles
Par les ineffables paroles
Que je glane au cœur d'un enfant,
Chasse le doute ébouriffant
Qui, chancre rongeur de mon ame.
Souffle jusqu'à la moindre flamme
Qui pourrait luire sur mes jours ;
Car, ô Dieu, c'est ainsi toujours
Que l'homme au flot qui le submerge
En tes bras retrouve une berge...

Et reposant jusqu'au matin,
Ma fille, ce charmant lutin
Envoyé par toi dans ma vie,
O mon Dieu, va vivre endormie
Plus heureuse que moi veillant !
Quoique tout par elle accueillant
Ce que sa lèvre, saint oracle,
Me révélera du miracle
Qu'elle doit voir en ce moment
Avec son ange au firmament !...

Déjà mon ame

Voit une flamme
Poindre à son front!...
Déjà dans l'ombre
De la nuit sombre
Tout se confond!...

Déjà sa tête,
Chaude comète
Parant la nuit,
Est une étoile
Pour moi sans voile
Qui toujours luit!...

Déjà sa lèvre,
Que Dieu ne sèvre
Que de tout mal,
Au flanc du songe,
Pour moi mensonge,
Met son fanal...

A sa parole
Qui de moi vole
Au paradis,
Je joins la mienne
Au fond chrétienne,
Et je lui dis :

Ame.

Blâme
L'erreur;
Fille,
Brille
Du cœur;
Brave
Grave
Ta loi;
Barde,
Garde
Ta foi!
Jeune,
Jeûne
La faim;
Bonne,
Donne
Ton pain...
Douce,
Pousse
A rien;
Forte,
Porte
Au bien;
Sage,
Nage
Au bord;
Femme,
Rame

Au port!...

VIII.

Ainsi t'enveloppant de mon âme, chaud lange
Au sein de Dieu lui-même échauffé par ton ange,
Après avoir guidé tous tes pas dans le bruit,
Mon bras de père, enfant, te couvre dans la nuit,
Et, guidant pas à pas la gaîté qui te berce,
Loin des regards de tous, impénétrable herse,
Ma vigilance veille à ce qu'aucun démon
Ne puisse caressant, traverser ton poumon ;
Car de ce monde, enfant, les plus belles phalanges
Ne sont pas, Dieu le sait, faites des meilleurs anges.
Aussi dans les décrets de mon cœur paternel
En ceci fils puînés de ceux de l'Éternel,
Le flambeau d'une main, pour bien voir où nous sommes,
Je te ferai de l'autre épeler sur les hommes...
Puis les choses après je te les ferai voir
Dans un autre foyer qu'en leur trompeur miroir.
Sous la cuirasse alors de ma science pratique
Tu braveras les coups de toute intrigue oblique,
Et dans le sourd conflit de tant d'affreux méfaits,
Ma fille, ô mon enfant, tu garderas ta paix.

Mais quand ma main ainsi de ma volonté pleine
Cherche, outil d'avenir, à lancer dans ta veine

Le vaccin du dégoût inoculé chez moi,
Quand sous la dent de feu qui me broya moi-même
Je rêve à te sauver, enfant qu'avant tout j'aime,
Que puis-je en ta faveur faire contre la loi?...

Que puis-je, faux prophète et plus faux astrologue,
Faire lorsqu'il est là, pour écarter le dogue
Qui pour os à ronger veut celui du bonheur!...
Pour souffrir comme moi n'auras-tu pas ton ame
Qui, poëte elle aussi, doit s'envoler en flamme;
Arsène, chère enfant, n'auras-tu pas ton cœur?

Novembre 1834.

La Colonne des Victimes de Juillet.

A M. LOUIS RAYBAUD.

I.

Ils sont là, réunis entre le ciel et l'onde,
Ces martyrs dont le bras a *soulevé* le monde !
Ils sont là les enfants du grand quatre-vingt-neuf
Qui, couvés quarante ans sous l'aile de la gloire,
Vinrent, bons combattants, aux trois jours de victoire
S'enfermer dans Paris comme le coq dans l'œuf !

Ils en ont fait sortir un au feu de leur foudre,
Réveil du peuple éclos sur des barils de poudre,
Fier symbole à placer au front de leur drapeau ;
Puisqu'aucun signe encor pour eux, masse guerrière,
N'était national planté sur leur bannière,
L'aigle ayant chaviré de l'aile à Waterloo!...

Mais de cœur animés d'un dévouement occulte
A la patrie en deuil ils consacraient leur culte,
Comme ils gardaient au fond amour à l'Empereur.
Soit qu'ils fussent oisifs bras croisés dans les rues,
Soit qu'ils donnassent vie au soc de leurs charrues,
Aucun n'avait jamais pris congé de l'honneur.

Un jour il prend envie, illusion étrange!
Au vieux fils de Capet, devant qui tout se range,
De biffer d'un seul trait la charte de nos droits;
D'une plume sans encre armant sa main débile
Le vieux monarque fou, sans vergogne ni bile,
Crut pouvoir tout narguer à l'exemple des rois.

II.

La bavarde nouvelle
Par qui tout se révèle
S'en répand dans Paris ;
Son œil luit morne et louche.

Elle a mis hors sa bouche
L'histoire des maris,
Pour dire à qui veut croire
Cette incroyable histoire,
Qu'elle clabaude à tous!...
Mais tous avec colère
Pour sonder ce mystère
Sont sur deux pieds, debout!
Chacun ressent l'injure,
Et quelque grand murmure
Gronde au secret des cœurs;
On descend sur la place,
La milice menace;
Le peuple a ses clameurs!...

III.

Mais la poudre a parlé; sa parole pesante
Tombe lourde en frappant! Une femme est gisante,
Car ses jours ont pesé moins qu'une once de plomb.
On s'écrie, on s'émeut, on s'indigne, on répond!...
De tous côtés alors le peuple court aux armes;
Ce coup de fusil est le signal des vacarmes;
A coup de pioche en fer on lève les pavés;
Les sicaires du Roi déjà sont enclavés!...
En vain les corps luisants de la garde royale

Ont reçu le mandat d'une cour déloyale,
On va se mesurer dans un combat réel,
Car on bat dans Paris la caisse du rappel!...

IV.

Peuple, aux armes!
Les gendarmes
Ont fait feu ;
Mais leurs bandes,
Quoique grandes,
Vont jouer un drôle de jeu!...

Sur la place
Qu'on s'amasse
Cent par cent,
Dans la rue
Qu'on se rue
Sur leurs rangs!

Il faut que chacun descende
Et se rende
Sur la scène du péril ;
Que personne
N'emprisonne
Son fusil...

Allons vite!
Hors du gite
Sortez donc!
Les casernes,
Ces modernes
Cabanons,

Par la ville
Peu docile
Aux tyrans,
Vont en masse
Prendre place
Contre tous ces braves gens!...

Venez, frères,
Fils et pères!
Venez tous
Nous entendre!
Bientôt nous pourrons leur rendre
Coups pour coups!...

L'espérance
De la France
Est en nous!
Car l'Europe
En syncope
Meurt du knout.

Tout Paris est en vacarmes...
Armes
A bas!
Gare les rois! place aux hommes...
Nous sommes
Las!...

V.

Voyez à ce signal que le tambour leur donne
Accourir, francs soldats, payer de leur personne
Ces lions longtemps au repos!
Quelque grand intérêt sans doute les amène;
On dirait que leurs mains, que l'iniquité gêne,
Des lois ont reçu le dépôt!...

Qu'osent-ils demander? quand le Roi tout demande
Ne faut-il pas toujours que le peuple descende,
Humilié dans son bon droit?
Car jusqu'ici le sacre à Reims, la ville sainte,
Étouffait, dans la bouche inventive à la plainte,
De ces prolétaires la voix...

Et pourtant les voici comme une ardente meute
Confondant à plaisir leurs jurons dans l'émeute
Au saint nom de la liberté!
C'est que jamais encor depuis mil huit cent seize

Aucun pouvoir d'en bas n'en prenant tant à l'aise,
Ne s'était contre eux concerté!...

Mais voilà qu'aujourd'hui, témérité funeste,
Une ordonnance veut leur enlever le reste
De leur charte de citoyen;
Tous, d'un commun élan alors courant aux armes,
Veulent s'en rapporter pour calmer leurs alarmes
A quatre-vingt-neuf, grand doyen!

VI.

Oh! que fol est un roi qui, dans sa léthargie,
Du droit national chante la lithurgie,
Imprescriptible loi que l'homme tient de Dieu,
Auquel il la donna sur terre en franc-alleu!
Le jour vient où, leurré par le flatteur qui donne
Aux monarques l'exil au lieu de la couronne,
Le nouveau Balthazar, dans son palais peu sûr,
Voit tout à coup sa peine écrite sur le mur!...
Ainsi que Dieu, le peuple en sa toute-puissance
Sur chaque lambris d'or met du doigt sa sentence,
Lisible d'autant mieux que son pouce est plus noir,
Implacable d'autant qu'il peut mieux s'émouvoir!
Alors manteau royal et fleurs de lys de France,
Symbole respecté de l'homme de puissance,

Sceptre et main de justice et couronne et blason,
De son sort qui se meurt inefficace arçon,
Loin de faire un chemin à ses pieds, il s'y butte !
Tant se retire tout de qui touche à sa chute !
Mais des décrets de Dieu tel est le grand niveau,
Qu'il brisera le chêne au profit du roseau.

La masse,

Qui passe,

Terrasse

Tout roi

Qui, lâche

Lui, mâche

A tâche

La loi ;

Qui belle

Nivelle

Les rangs,

Quand l'homme

Assomme

Ou nomme

Ses grands ;

Mais oncque

Quiconque

Le tronque

Au corps,

De suite

En fuite

N'évite
Son sort !

Or dans les carrefours, les places et les rues,
Des légions sortant, par milliers accourues
A l'appel du tambour leur donnant le signal,
Attendent en buvant, comme en la nuit d'un bal,
Que quelqu'homme inspiré naissant de leurs phalanges
Stigmatise le front de ce pouvoir à langes,
Voulant leur imposer les laisses d'un enfant
Quand elles ont des pieds forts comme l'éléphant.
Oh ! combien tout le peuple alors comprend sa force
En buvant le canon et déchirant l'amorce !
Qu'il fraternise et rit en face du péril !
Le sceptre de ses mains alors est un fusil !
Il a donné le droit pour couronne à sa tête !
Caractère sacré que partout il reflète !
Il sent qu'il faut agir, il sent qu'il a raison,
Et par masse compacte il quitte sa maison ;
Car il ne peut douter malgré l'extravagance !
En placards affichés il a lu l'ordonnance,
Parjure infâme et grand comme la royauté,
N'ayant d'égal en soi que la déloyauté !...

VII.

Il va crouler bientôt sous leur sainte colère

Ce trône qui mille ans a fatigué la terre
Comme un fardeau trop lourd le dos du porte-faix ;
Il va crouler ! Et l'homme en qui son pouvoir compte,
Avec le peuple armé va débattre son compte :
Son *doit* est la vertu ; son *avoir* les méfaits !...

Sur un brancard formé d'hostiles baïonnettes
Les Bourbons sont venus s'asseoir, marionnettes,
    Sur un trône déjà sapé ;
Et, faisant la courbette aux cours coalisées,
Ils ont mis leurs couleurs en or fleurdelysées
    Sous ce patronage râpé !...

Depuis quinze ans ainsi convertie en échoppe
La France, humiliée aux genoux de l'Europe,
S'y traîne à la remorque au caprice des rois ;
On l'insulte, on la nargue, on la gouaille, on la fouette
Au dehors !... au dedans on veut que, girouette
Tournant à tous les vents, elle lâche ses droits !

Car ainsi grandiront les prétentions folles
De ces hommes de paille, arrogants en paroles
    Pour ceux qui n'ont pas répondu ;
Ils imputent en eux le silence à faiblesse,
Et lancent au pays, tant pis si ça le blesse,
    Le sot décret qu'ils ont pondu !

« Halte-là pour le coup, monsieur le roi de France !

« Libre à vous, écoutant du Nord la remontrance,
« De plonger sans respect vos lys d'or au néant ;
« Mais sitôt que nos droits tombent de la partie,
« Sachez, monsieur le Roi, que pour péripétie
« Le peuple à faire feu, lui, n'est pas fainéant ! »

Ils ont dit, et déjà sur la place, en bataille,
Des flots de peuple armé visant aux représailles
      S'entrechoquent tout haletants !
Ils sont là, l'arme au poing, le doigt à la détente,
La rage dans le cœur, le cerveau dans l'attente ;
      Le feu n'attend plus que l'instant !...

VIII.

     Aux armes...
     Allons !
     Chassons
     Gendarmes,
     Qui vont
     Et font
     Vacarmes ;
     Là-bas,
     Au pas,
    La milice

De police
Porte en main
Pour épée
Non trempée
Un gourdin...
Allons! gare!...
La bagarre
Va son train,
Et la poudre
Se fait foudre
Dans l'airain
Qui dépeuple!
Place au peuple
Souverain!...

Et toi, pleutre,
Reste neutre
Dans ton coin;
Car le leurre
Est pour l'heure
Ton seul soin!...

IX.

Pourtant d'événements acharnés l'heure accouche :
Soldats et citoyens déchirent la cartouche :

Deux camps sont en présence : ici celui du Roi ;
L'autre, formé du peuple est armé pour la loi !

La loi, grande arche sainte où chacun se rallie,
Entre la main des rois plus d'une fois salie !
La loi, ce grand mot d'ordre au mot de ralliement,
Enrôlant tous les cœurs en un seul régiment !
La loi ! saint tabernacle où rayonne enfermée
La ferme de la paix pour un trône affermée,
Et qu'un pouvoir menteur cherchait à confisquer ;
Dans l'espoir fol et vain d'en pouvoir trafiquer !
Mais sitôt que parut, collée à la muraille,
L'ordonnance au teint pâle, effrontée et qui raille
En retirant à tous l'acte signé par un,
Un grand concert de voix s'élevant en commun
Appela du parjure au jugement des armes,
Séchant au bassinet de juillet ses alarmes.
Car en vain avait-on demandé désavœu
Près du Roi ; le soldat sur tous avait fait feu !...
Alors dans tous les rangs des milices bourgeoises
S'enflammèrent, grand feu de passions grégeoises.
Les haines sans merci, dont tous bons citoyens
Trouvent dans leurs fusils la fin et les moyens !...

Du Roi de tous côtés on perdit la mémoire.
Et la charge battit au champ de la victoire !

X.

Tiens !
Viens,
Prends ton arme !
Croi
Moi,
C'est l'alarme !
Corps
Fort
Qui s'assemble,
Peut
Mieux
Battre ensemble !
Car
Par
La bataille,
Nos
Flots
Que l'on raille
Sont
Bons ;
Et la troupe,
Grand
Rang
Qu'on découpe.
Va

Là
Bientôt boire
Vin
Fin,
En mémoire
Du
Cru,
Où récolte
Son
Plomb
La révolte !

—

Tirez !
Parez
La fusillade !
Levez
Pavés
En barricade !

Sans peur
Au cœur
Faut faire face...
De front
Mourons
A notre place !...
Là-bas

Ils tombent
Les soldats...
Et leurs bras
    Trop las
    Succombent !...

    Leur feu,
    Qui baisse,
    Dure peu...
    Notre jeu,
    Pardieu,
    Blesse !

    Pressez,
    Forcez
Donc vos décharges !
    Leurs fronts
    S'en vont
Déjà moins larges.
    L'éclat
    S'abat
Des canonnades ;
    La voix
    Décroît
Des fusillades.

    Bientôt
    Leur lot

Sera la fuite ;
  Leurs fronts
  Craindront
Notre poursuite ;

  Et las
  Des glas
Que la mort garde,
  L'agent,
  Lui, prend
Notre cocarde !

—

  Mort !
  Fort
A la charge !
  Nos
  Flots
Sont au large !...

  Les
  Vrais
Patriotes
  Sont
  Bons
Sans menottes !

Leur
Cœur,
Boite à poudre,
Dort
Fort
Sur la foudre!

Or
Por
La patrie
Ses
Legs
Sont sa vie!

Donc
Plomb
Et salpêtre
Sont
Bons
A connaître:

Car
Par
La révolte,
Lois,
Droits
Font récolte!...

XI.

La victoire du peuple, alliée à ses droits,
Prit, le troisième jour, place au palais des rois ;
Car ces fiers courtisans, dont les mains avilies
Grimaçaient de dégoût devant les mains salies
Par l'outil raboteux du travailleur biset,
Ne surent pas fournir la poudre au bassinet ;
Et puis, après trois jours de mortelles alarmes,
Devant le peuple armé jetèrent bas leurs armes.
Et pliant dans leur poche, inutile oripeau,
Le lange à fleurs de lys qu'ils appelaient drapeau,
Sur les pas du vieux roi, quittant les Tuileries,
Comme un troupeau de faons que meutes aguerries
Pourchassent sans repos de fourrés en taillis,
Ils fuyaient effarés d'incessants hallalis !...
Mais déjà dans Paris hérissé de décombres,
Dans les airs teints de sang et de poudre encor sombres,
Parmi des flots de peuple au sortir du combat,
Ordre tumultueux devant qui tout s'abat,
Du sein des pavés gris, monceaux de barricades.
A cette heure où tous sont frères et camarades,
Où la poudre brûlée en nuage pesant
S'élève de la terre et monte en se posant,
Au front du temple saint où Jean-Jacques repose,
Voyez d'ici, là-bas, quelque chose se pose,

Sentinelle apostée au maintien de nos lois...
Oiseau national, c'est le grand coq gaulois !
Qui, la patte en avant, les ailes étendues,
Nous clame un chant guerrier aux paroles connues.
Sa prunelle, qui flambe en regardant le Nord,
Porte au cœur des tyrans le frisson de la mort !
Et le dôme, à ses chants triomphants et sonores,
Se pavoise, imposant, de drapeaux tricolores
Bigarant deux couleurs sur l'ancien drapeau blanc :
Avec bande d'azur une bande de sang !
Alors un cri, partant de la voix de la foule,
En océan de joie et se soulève et roule !

Mais un timbre plus franc encore que sa voix
Réveille les échos : celui du coq gaulois !

XII.

Salut, noble symbole,
Salut à ta parole,
Salut, garde ton rôle,
Sentinelle à l'œil sûr !
Chante, en notre mémoire,
Nos trois jours de victoire,
Et porte notre gloire
A chaque âge futur !

Quand ton regard flamboie
Ton aile se déploie,
Aux cris de notre joie,
Comme un bouclier long !
Et rouge, sur ta tête,
Tu portes une crête,
Couronne par Dieu faite,
Comme à l'homme le front !

Donne une plume bleue
Des plumes de ta queue
Qu'on l'unisse avec feue
La blanche qu'on abat !
Pour y joindre une rouge
Qui triple, pas ne bouge,
Plus qu'en nos mains la gouge,
Du schako du soldat !

Ainsi que l'oriflamme
Qui par Saint-Denis clame.
Ces trois plumes, de lame
Entretiendront l'essor ;
Et glorieux panache
Avertiront le lâche
Que la plus mince tache
Ne le macule encor !...

XIII.

Toujours un cri de joie est flétri par des larmes;
C'est surtout, Dieu le veut, quand le roulis des armes
Passe sa main de fer sur le sein des cités,
Grande arène de sang des hommes excités,
Que peu frappés d'abord du dégât de ces balles
Les vainqueurs, l'arme au bras, ou dansant les mains sales
Près des faisceaux noircis de leurs fusils rouillés,
Ne demandent plus rien à leurs yeux embrouillés!
Mais sitôt échappé des mains de cette crise,
Lorsque l'esprit de l'homme à la fin se dégrise,
Et que sondant de l'œil, triste réaction,
L'affreuse profondeur des flots de l'action,
Il arrive à nombrer le nombre de victimes
Dont la guerre civile a peuplé ses abîmes,
Lorsque, tâche incroyable, il a pris et lavé
Les morts et les mourants gisants sur le pavé,
Que, libre de l'esprit volatil de la poudre,
Il calcule sur eux les effets de sa foudre,
Oh! combien tout à coup dans ce rassemblement
Ces bons cœurs sont frappés d'un soudain tremblement!
Alors adieu plaisir enivrant de victoire,
Danses, chansons, transports, adieu plaisir du boire....
La réalité crue, avec ses yeux de plomb,
Fait baisser les regards et fait baisser les fronts;

Et, prenant à son poing sa couleuvre qui siffle,
Pique son homme au cœur ou sans pitié le giffle...

Hélas! à peine encor la joie était au seuil
Qu'il nous fallut vainqueur préparer un cercueuil
Pour déposer les corps tués au combat; sorte
De tonnerre grondant de qui chaque coup porte,
Frappant sans distinguer les faibles ou les forts;
En trois jours à la victoire a semé bien des morts.

XIV.

Sur la brèche,
Sainte crèche.
De la loi;
Quand le Roi,
Qui tout flaire,
Mit sa glaire
A nos sorts...
Ils sont morts!...

Les voix graves
De ces braves
Répondaient;
Et moulaient
Avec force
Sous l'amorce

Leurs efforts...
Ils sont morts !

Leur audace
Place à place
Triomphait ;
Mais, de fait,
Que de balles
Firent pâles
Les plus forts !
Ils sont morts !

La patrie
Pour eux prie
L'an, un jour ;
Mais l'amour
De leurs frères
En prières
Double alors !
Ils sont morts !...

Notre hommage,
Triste mage
A genou,
Demande où
Prendre à l'aise
Par sa glaise
Tous leurs corps...

Ils sont morts!...

XV.

Ils sont morts, mais l'idée est là qui toujours vibre!...
Idée à rendre folle ou bien la France libre,
Ainsi qu'il est écrit du peuple souverain!
Et le gouvernement sorti de ses entrailles
Dut avec les débris des foudres des batailles
Fonder en leur honneur ce panthéon d'airain.

Quelqu'imposant qu'il soit janvier quatre-vingt-treize,
En détachant du tronc le chef de Louis seize
N'avait à tout compter qu'exécuté le Roi;
Eux, dans trois jours, ils ont détruit la monarchie,
Et d'une main coupant la tête à l'anarchie,
Avec l'autre ils forgeaient le sceptre de la loi...

Vains efforts! le pays, qui cherchait à renaître,
Devait pour s'épurer trouver un autre maître
Qui premier de sa branche en peut être dernier;
Car notre France apprise aux leçons des monarques
Ne voudra bientôt plus des flétrissantes marques
Que fit à son épaule un sceptre fait d'acier...

Assez! s'écrira-t-elle, assez de maculage!
C'est assez que ce roi m'ait flétrie avant l'âge:

Renvoyez-le sans mal rejoindre ses aînés...
Et bientôt abattus, comme lions de glaise,
Tous ces rois surgissants sur la terre française
Ne sont bons qu'à broyer le pain des détrônés.

XVI.

Leur mot d'ordre
Est de mordre
Dans le leur ;
Car la charte,
Loi de carte,
Leur fait peur.

Leur faconde
Dans le monde
Qui les croit,
En tout pèche
Et dessèche
Cœur et voix.

Et leur caisse,
Qui s'engraisse
De nos sueurs,
Ne se donne
A personne
Sans labeurs,

Qu'à l'armée
Bien aimée
Des tyrans,
Dont le compte
Se l'escompte
Par du sang!...

A l'époque
Où l'on bloque
Tous les droits
Pour en faire
Le salaire
De leurs rois.

Et la troupe
Qu'on attroupe
Contre nous,
Dans la rue,
Meurt ou tue,
Pour deux sous!...

Triste lige
Qui s'oblige
A mourir,
Ou polacre
Nous massacre
Sans souffrir...

Lui que paie
La monnaie
De nos mains,
Et que sauve
Quoique fauve
Notre airain !

Car la masse
Qui terrasse
Ses tyrans,
Pour l'armée
Alarmée
Tend ses flancs.

XVII.

Or tous se coudoyant dans le flot politique
Établissent entr'eux un courant magnétique,
    Fluide excitant du combat...
Déjà le cœur bondit, déjà le sang s'échauffe,
Déjà tremblent les nerfs sous le feu qui les chauffe :
    Tout citoyen se fait soldat !

Tant le droit a d'empire au cœur de ces phalanges
Que ceux que l'on croyait garottés dans leurs langes
    Sont forts à charger un fusil !...

Puis, essuyant leurs fronts libres de toutes marques,
Quand ils auront chassé leurs superbes monarques,
      Ils demanderont : Où sont-ils?...

Pardieu! vous les voyez! ils quittent la partie...
De frayeur ils ont eu telle dissenterie
      Qu'ils abandonnent leurs foyers!
Et le peuple, informé de ce dont il retourne,
Revient à ses travaux de semaine, et séjourne
      Tranquillement à ses métiers...

C'est que tout ouvrier, qui travaille et qui paie,
S'il ne veut pas, trop fier, se vautrer sur la claie
      Que traîne les royaux bienfaits
Et gagner beaucoup d'or avec beaucoup d'intrigues,
En donnant son argent battu par ses fatigues,
      Veut du travail et veut la paix!...

Chaque daubeur de cour, impérissable gente
Faite de servilisme et dont la main se gante
      Dans le travail du bon sujet,
Comment, habitué de faire la ripaille,
Aurait-il pu tenir au jour de la bataille,
      Sa lutte est de prendre au budjet!

Ainsi que son œil cligne à l'aspect de la foudre,
Ainsi son nez grimace à l'odeur de la poudre :
      A lui le temps calme et le musc!..

Mais quand vient le moment où le peuple domine,
Alors, voûtant son dos, il fuit comme une fouine,
          Risque à faire craquer son busc!

C'est que le peuple aussi parle haut quand il cause;
C'est que reste son front solide quand il pose
          Devant le soldat des tyrans;
C'est que sa majesté forte en bras de chemise
A nul pouvoir humain ne demeure soumise
          Quand d'instinct il presse ses rangs!

Oh! voyez-le marcher à la charge qui sonne!
Oh! voyez-le courir sur le canon qui tonne!
          Voyez que ça lui coûte peu!…
Vous croyez que la force absorbe sa clémence:
Point!… ainsi que sa voix son indulgence immense
          Est l'éternel écho de Dieu!…

XVIII.

          C'est que la Clémence,
          Fille de la France,
          A plus d'un enfant;
          Surtout à cette heure
          Où le peuple fleure
          Succès triomphant!

Aussitôt après sa victoire
Paris n'a-t-il pas dit : Viens boire !
Au soldat stipendié qu'il avait combattu ;
Car, dans ses trois jours de détresse,
Il n'eut, dans sa haute sagesse,
D'égal à sa grandeur que sa haute vertu ;

Mais s'il prit propice
Ainsi par justice
La main de ces gens,
C'est qu'après colères
Ils devenaient frères,
N'étant plus agens !

Mais sa vertu, qui n'est pas prude,
Voulut serrer, dans sa main rude
Comme un étau de fer un métal qu'il étreint,
Le front, coupole consacrée,
Par lequel gémit massacrée
La ville, dont les doigts ont en lui tout éteint ;

Et pour le confondre
On lui fit répondre,
Au nom de la loi,
Moqueuse sentence :
Que jadis, en France
Il était un roi !...

XIX.

Ce roi pour qui le peuple eut combattu propice
Tomba comme un pécheur sous sa main de justice,
Emportant dans l'exil un pajure à son front;
Et devant ce grand fait qu'un grand méfait couronne,
En lisant tous les noms inscrits sur leur colonne
Les âges à venir un jour méditeront.

Car sitôt qu'ils ont vu mettre dans la balance
Nos droits en contre-poids avec une ordonnance,
Comme un seul homme tous ont frappé de leurs bras.
Jusqu'à ce que vainqueurs sur ce champ de bataille
Ces braves en tombant criaient sous la mitraille :
O sainte liberté, tu ne tomberas pas!

Oh! combien donneront d'amour patriotique
A ces héros garants de notre politique
Ceux qui, plus tard, pourront rêver sur leur tombeau !
Combien d'hommes viendront en honneur de leurs veuves
Modeler leurs hauts faits, admirations neuves,
Sur ce pilier d'airain pour eux mètre nouveau !

Et pour tout Français qui contre tout roi se croise
Ce pilier de juillet sera la grande toise
Sur laquelle il viendra mesurer sa valeur :

Jaloux, dans sa vertu si longtemps méconnue,
D'aller loger son front touchant aussi la nue
Avec le front d'airain de ce charnier d'honneur.

La foule que les rois traitent comme la vase,
D'un autre fait social un jour posant la base,
Prendra pour labarum l'emblème du sommet,
Image de nos bras que toute entrave lasse,
La Liberté broira les chaînes qu'elle casse
Pour se faire un conquêt de ce qu'on lui promet.

XX.

Mais dans ces temps lointains que mon espoir se fonde,
Paradis d'harmonie ouvert d'un nouveau monde,
L'homme reconnaissant, pris d'enthousiasme au cœur,
A certains jours viendra, posant son œil rêveur
Éclairé par l'esprit plein de joie et de larmes
Qu'il voudra mélanger devant ce grand fait d'armes,
Contempler dans l'amour où tout doit se rallier,
Symbolisme éloquent, l'airain de ce pilier !...
Oh ! l'airain, dira-t-il, si pieux quand il sonne,
Si bruyant quand il bout, si fougueux quand il tonne,
Si grand, cloche ou canon, même quand il se tait,
Qu'un frisson à la peau la ride en pulpes ; fait
Ainsi des mains de l'homme, en charnier funéraire,

Trace en liberté quel fut son itinéraire ;
Il marque, grand symbole en forme de canon,
Que pour gagner d'assaut ce guerrier panthéon
Il a fallu, soldat de la liberté sainte,
Vaincre avec énergie ou succomber sans crainte.
Et dans les os mêlés, et dans les noms unis,
Il lira la mêlée et l'accord des partis !...

Oh ! dira-t-il alors dans sa pensée errante
Égarée à l'entour : combien mil huit cent trente,
Cataclysme si grand qu'il paraît mensonger
A l'homme dont l'esprit se plaît à s'y plonger,
A dû, pour accomplir sa mission hâtive,
Accoler de moyens à sa force native,
Puisque d'un coup de main, et sous quelques éclats,
Ce qui régnait en haut fut plongé tout au bas,
Et que ceux qui vivaient étouffés dans la vase
Devaient des os des morts venir poser la base,
Impérissable assise, avec du sang humain,
Au sépulcre d'honneur fondu de son airain !...

Et puis, interrogeant le monument énorme
Et cherchant à trouver quelque chose en sa forme.
Les poëtes, rêvant à l'ombre du pilier,
Parasol étonnant posé sur ce charnier,
Ne cherchant pas à voir s'il est fait d'une pièce,
Question de détail bonne pour la faiblesse,
Y verront, peu jaloux de savoir si ça fut.

Un canon porté là, dressé sans son affût...

Alors dans les brouillards de l'esprit qui bruine,
Des hommes de leurs temps déplorant la ruine,
Ils feront de nous, tout petits, des corps géants,
Qu'ils verront au lointain avec des yeux béants;
Et pliant le genou devant notre poussière,
Comme au Dieu qui la fit ils feront leur prière,
Et dans l'élan de l'âme et dans l'élan des cœurs
Diront un *Te Deum* à tous ces noms vainqueurs...

Vainqueurs! ils l'ont été!... mais combien de nos frères,
Fils de la Liberté qu'épousèrent nos pères,
Au sein de leur triomphe, hélas! sont tombés morts
De qui la France n'a jamais trouvé les corps!
Et combien de héros dont le courage étonne,
Absents dans les caveaux de la noble colonne,
N'obtiendront pour leurs os, faits pour ce panthéon,
Que celui qu'ils portaient battant : leur bourgeron.

Car les martyrs tombés sous la balle servile
N'étaient pas tous, hélas! fils de la grande ville;
Pourtant de toutes parts ils tombaient dans Paris,
Qu'ils fussent pères, fils, ou veufs ou bien maris;
Sur la place, au détour de la rue, à la rive,
Tombeau roulant ouvert et qui de tombeau prive;
Quelques-uns quand le ver les eut aussi perdus.
Étrangers parmi nous n'ont pas été connus...

Ceux que la Morgue a mis sur ses dalles vitrées,
Ceux que la chaux a pris dans ses pulpes nitrées,
Que l'on a ramassés en un même tombeau,
Les uns aux Innocents, d'autres à Froimanteau ;
Ceux-ci, grande leçon, sur la place du Louvre ;
Ceux, bien moins consolés dans l'oubli qui les couvre,
Que charia la Seine aux filets de Saint-Cloud,
Dont les noms sont perdus et pour eux et pour nous...

XXI.

Ils sont là, réunis entre le ciel et l'onde,
Ces martys dont le bras a soulevé le monde !
Ils sont là, les enfants du grand quatre-vingt-neuf,
Qui, couvés quarante ans sous l'aile de la gloire,
Vinrent, bons combattants aux trois jours de victoire,
S'enfermer dans Paris comme le coq dans l'œuf.

Ils en ont fait sortir un au feu de leur foudre,
Réveil du peuple éclos sur des barils de poudre,
Fier symbole à placer au front de leur drapeau ;
Puisqu'aucun signe encor pour eux, masse guerrière,
N'était national planté sur leur bannière,
L'aigle ayant chaviré de l'aile à Waterloo.

Mais du cœur animé d'un dévoùment occulte

A la patrie en deuil ils consacraient leur culte ,
Comme ils gardaient au fond amour à l'Empereur.
Soit qu'ils fussent oisifs, bras croisés dans les rues,
Soit qu'ils donnassent vie au soc de leurs charues,
Aucun n'avait jamais pris congé de l'honneur.

Novembre 1839.

L'Élément chrétien.

A HIPPOLYTE BARBIER.

I.

Chrétien, que fait ta muse en ce siècle de doute?
Sait-elle que se taire est outrager son Dieu?...
Ne peut-on pas penser qu'égarée en sa route
Elle languit sans voix, triste écho de bas lieu?...

Quand ta théogonie, œuvre immense et sublime,
Déjà depuis longtemps aurait dû croître au jour.
Ami, faut-il la croire arrêtée en la rime,
Elle qui ne s'est pas arrêtée en amour?...

Chaque article de foi motiva ta recherche,
Rayon du Saint-Esprit où ton vers a rêvé...
Oh! poëte-messie on t'attend, on te cherche;
Car ayant cherché Dieu tu dois l'avoir trouvé...

Lève-toi, beau colosse, au-dessus de tes frères,
Ainsi que près de toi se lève, divin fils
De Jéhova siégeant et dans et sur les sphères,
Son saint verbe fait homme en Jésus qui fait Christ...

Oh! tu dois avoir vu dans le cours de tes songes,
Enfants ailés par Dieu chargés de t'aller voir,
Les sublimes beautés qu'on appelle mensonges,
Et qui pour toi, poëte, au moins sont tout espoir;

Et donnant à ton vers, ta croyance pour ta canne
A tâter le terrain où tu devais marcher,
Tu trouvas que la foi, fonçant sous tout profane,
Présentait à tes pas un solide plancher!

Et grimpant sur l'esprit de qui vient toute force,
Après un premier pas imprimé sur ce sol,
Ta foi, qui n'y doit pas gagner même une entorse,
Vit que l'homme vers Dieu peut monter dans son vol.

Sur quel objet si grand, au sentier poétique,
N'as-tu pas exercé tes méditations,
Toi, poëte, brûlé d'un vœu que je m'explique,

Qui procédas vers Dieu par élévations!...

II.

Et ta verve,
But final,
Que n'énerve
Aucun mal,
Planta forte
A ta porte
Son fanal!

Noble enseigne
Dont le mot
Dit le règne
Qui, pour lot,
Doit extraire
La lumière
Du chaos!...

Car le monde,
Qu'à vil prix
On féconde
Sans l'esprit,
Se résume
Sous ta plume
Par le Christ!...

Et ta muse,
Porte-voix
Que rien n'use
Pour la croix,
Ne peut taire
Le calvaire
D'autrefois!

Quand toute âme,
Bas ou haut
S'y réclame;
Bon dévôt,
Ton poëme
L'a de même
Pour pivot!...

Il y tourne
Globe d'or,
Et séjourne
Humble encor
Là... ton verbe
Sans superbe
Est trésor!

III.

Oh! pourquoi donc, poète, au siècle qui l'enclave
Permettre que ta foi soit traînée en épave
Et qu'un premier venu s'en fasse bon marché?
Depuis dix-huit cents ans qu'elle peuple des rues,
Ses misères se sont par chaque jour accrues
Sur le sol dévorant où son pas a marché...

Et lorsque l'homme encor la jette sur ses claies,
Ta main, qui la soutient et qui lave ses plaies
Dans la piscine sainte où rien ne peut mourir,
Se contentera-t-elle, ineffable dans l'ombre,
Par amour des douleurs d'en voir croître le nombre,
Sans montrer au grand jour son baume à tout guérir?

Et tu l'as mis pourtant sur mille belles pages,
Panacée éternelle à promulguer aux âges,
Bonne à les préserver de toutes leurs douleurs;
Et pour la graver mieux au cœur qui veut y croire
Ton hexamètre franc la lègue à la mémoire
En vers où l'on découvre harmonie et couleurs...

IV.

Apprends-nous l'histoire,
Telle que la foi
Incarnée en toi,
Comme au saint-ciboire,
Urne des croyants,
La fait par l'hostie ;
Dis l'Eucharistie
Préparant les temps
Aux pas du messie ;
Dis la frénésie
Des cultes gisants,
Dis les sacrifices
Où le sang humain
Coula sous la main
Des prêtres complices,
Et souvent auteurs,
S'ils n'en sont fauteurs,
Des péchés du monde…
De ton regard sonde
L'expiation,
Où la déchéance,
Par fausse croyance
En religion,
Scellait dans la terre,

Pour autel prospère,
Échafaud carré,
Un seul dé de pierre
D'amour déparé!...
Dis-nous comme l'homme
Aux siècles païens,
Ainsi qu'on les nomme,
Dorait ses liens;
Dis-nous les pratiques
De ces temps antiques
Inventant des dieux,
Et comment le monde,
Nuit d'erreur profonde,
Transplantait immonde
Cette terre aux cieux!...
Dis-nous le mystère
De la mission:
Dis-nous le calvaire
De rédemption!...
Dis-nous la prière
Du Verbe mourant
Tombant sur la terre
En sueur de son sang!
Dis-nous le supplice,
Divin sacrifice
Aux mille douleurs,
Où le Fils de l'homme,
Entre deux voleurs.

Vint expirer, comme
Prophète d'erreurs!

Et sur le jour terne
De la foi moderne
Porte le flambeau,
Au sein du mystère
Qui dota la terre
De l'homme nouveau,
Dont l'amour propice,
Dernier sacrifice,
Œuvre du couteau,
Fit, pouvoir sublime
De cette victime,
Que son sang versé
Suffisant renaisse
Pour laver l'espèce,
En coulant sans cesse
De son flanc percé!
Puis de là compare
Les temps accomplis;
Explique, accapare
Ceux, dont se sépare
L'époque barbare,
Par Christ embellis!...
Qu'ainsi tout repose
Sur ce grand milieu
Que l'amour arrose

De sang... Car le pieu
Où meurt la victime,
Refermant l'abîme,
Porte le vrai Dieu!...

V.

Oh! que grande est ton œuvre en ta foi calculée!...
Cette arche sur l'abîme a la croix pour culée;
Si vaste est son dos-d'âne échelonnant aux yeux
Que son socle est sur terre et son pignon aux cieux...
Escalier de Jacob où montent, beaux mélanges,
Les esclaves, les rois, les hommes et les anges!...
Si fécond que chacun qui le veut parcourir
Trouve au sommet le but où nul ne doit mourir!
Car partant de la croix, où meurt le Fils sur terre,
L'humanité s'arrête au sein de Dieu le père,
Conduite en ce sentier par la main de l'esprit
Par qui l'homme connut l'amour et le comprit.
Non point cet amour brut où la passion râle,
Que, mâle à la femelle et la femelle au mâle,
L'erreur des sens conduit de taverne en boudoir,
Qui se drape au matin et se fait nu le soir;
Mais cet amour seul vrai qu'on trouve sur la terre,
Amour qui met sa joie à soigner la misère,
Amour que l'amour seul de la divinité
Dût, passant ici-bas, laisser: la charité!...

Oh ! cet amour, poëte, il coule dans tes veines !
Poëte, cet amour exempt de toutes haines,
Puisqu'il est fils de Dieu comme l'apprend la croix,
Cet amour, il n'est pas seulement sur son bois...
Il est dans la doctrine apprise par l'Église ;
Il est au cœur de tous encor qu'on ne le lise ;
Il sera dans ton livre, il sera dans tes vers,
Car il trône éloquent au cœur de l'univers !
Et l'univers entier, de Dieu physique emblème,
Tu l'as, globe en ta main, réduit dans ton poëme.
A toi le monde où l'homme a promulgué sa loi ;
A toi le ciel où Dieu vulgarise sa foi ;
A toi l'arbre des temps, les siècles, les empires ;
A toi les dogmes saints, les mauvais et les pires ;
A toi, pour les bénir ou les stigmatiser,
Pour éteindre leur flamme ou bien pour l'attiser,
Les mille livres saints des écrits des saints pères,
Ou ceux des renégats reniant les mystères ;
A toi l'œuvre de l'homme, à toi l'œuvre de Dieu,
A toi l'ensemble, avec le calvaire au milieu.
  O poëte, combien tes richesses sont grandes !
Ayant tant pris, combien faudra-t-il que tu rendes ?
Combien dans le grand livre où ton livre a puisé,
Trésor où Dieu plaça son avoir déguisé,
Ton œil n'a-t-il pas dû, scrutateur poétique,
Découvrir d'excellents lingots sous notre brique ?
Car de qui mesura l'immensité des temps
C'est attendre encor peu quand beaucoup on attend...

Oh ! Dieu lui-même a dû, te prêtant sa lumière,
Réduire en un seul jour et l'avant et l'arrière,
L'éternité le temps, le temps l'éternité,
Deux termes d'un seul nombre en la divinité !

VI.

Mais quand poëte impie ainsi se poétise
Ton poëme sacré que j'habille à ma guise,
Hélas ! mon vers humain qui ressent son limon
Pâlit, mêlant sa voix à tes saintes paroles
Et grimace ébloui devant tes auréoles...
Quand il aperçoit l'ange ainsi fait le démon...

Que t'importe, en effet, ma louange ou mon blâme,
Moi qui mêle partout de la glaise à mon âme,
Physique embranchement de nos nerfs au cerveau,
Et qui, dans ton trésor voyant notre indigence,
Pour principe et pour fin de toute intelligence
Assigne la matière à l'esprit pour niveau !

O poëte, pourtant donne-le donc ton livre !
Je sens qu'en le lisant je vivrai de l'âme ivre,
Non pas comme le veut le philosophe en moi,
Mais de la vie au ciel où puise la pensée,

De cette vie exquise en ton livre annoncée!...
Que cette vie, ami, je la sache par toi!...

Novembre 1839.

Les Nuits.

A CLODON.

A dix heures, le soir, par un rayon de lune,
A l'heure où la débauche accoste l'un ou l'une ;
Quand le bruit que fait l'homme a cessé sur le quai,
Que le concert de Dieu commence plus marqué ;
Quand du fleuve, qui fuit chuchotant sur la grève,
La grande voix en flots sous chaque arche s'élève :
Quand, dans l'eau qui la prend et la laisse en son lieu,
Toute lumière plonge en colonne de feu ;
Quand le courant se tord, fusion naturelle,
Dans le bouillon vivant de sa marche éternelle ;

Quand le remou bouillonne ou s'aplatit changeant
Dans des reflets de moire et roule en vif-argent;
Ou, comme par le feu quand le sable est fait verre
La fusion qui bout s'endort ou s'accélère,
Quand approche ridée ou lisse sous nos yeux
La glace qui tremblotte en reflétant les cieux;
Quand, sous l'éclat d'argent de la lune qui tremble,
Fuit ce miroir changeant qui n'est pas et qui semble;
Quand au loin, près du bord, on voit une lueur
Immobile et jaunâtre au banc du blanchisseur;
Quand, au bruit de la ville à qui nature cède.
De la création enfin la voix succède;
Quand l'ombre qu'éclaircit le froid rayon blafard
Sur tout lointain qui marque applique son brouillard;
Quand au-dessus de nous, à pic sur chaque tête,
Monte et descend chaque astre ou mieux chaque planète:
Oh! quel que soit le point où tombe son regard
Sur l'accidentement de la ville de l'art,
Où l'ogive sans croix près du clocher s'élève,
Le poëte penseur, qui dans son âme rêve,
Trouve à chaque accident de ce sombre tableau
Une idée où son cœur s'abandonne à vau-l'eau.

II.

Toute âme
Qui clame

En nous
Élève
Son rêve
A tout !...

Tout homme
Qu'on nomme
Héros
Dut naître
Au mètre
D'en haut !

Tout onde
Que sonde
Les yeux
Élève
Sa grève
Aux cieux !

Silence
Qui lance
Au cœur
La joie
Ne broie
Bonheur...

Orage,
Qui rage

Et bout
Sans cause,
Repose
Dissout !

Tout phare
Qui pare
Un bord
Est l'ame
En flamme
Du port !...

III.

Quand de quart d'heure en quart la cloche du quart d'heure,
Sonnant le temps au seuil, entre en chaque demeure
Et prépare les nerfs, vibrant à chaque coup,
Au fluide terrestre entrant humide en nous
Et feu potentiel nous remplit ou nous creuse,
Selon que notre chair, enveloppe véreuse,
Plus forte se l'applique au profit de nos jours,
Ou plus faible la rend à l'éternel concours ;
Car ce principe unique, où toute vie emprunte,
Après vitalité la lui reprend défunte...
A cette heure où tout prend un autre aspect à l'œil,
Où l'idée en frisson entr'ouvre le cercueil
Pour en faire sortir, cohorte triste et sombre,

La foule des esprits, ces visions sans nombre
Que l'âme ne comprend jamais sous le soleil,
Et semblent pulluler aux heures du sommeil;
Quand sur un toit lointain, des hôtels large mitre,
La lune se reflète au profil d'une vitre
Comme un œil qui flamboie apparaissant alors,
Ou comme un diamant lorsque la flamme en sort,
Oh! que j'aime, emportant avec moi ma pensée,
Promeneur isolé dans cette heure avancée,
Trouver dans le frisson qui m'arrive incessant
Une inspiration ou de l'âme ou des sens!...

IV.

Tout pour moi tombe en poésie
    Dans mon cœur,
Comme du serein l'ambroisie
    Sur la fleur.

L'horizon, lui, s'échappe sombre
    A nos yeux;
La lumière, elle, n'est qu'une ombre
    Sur les cieux!

Mille accidents en perspective
    S'y font voir

Et viennent mourir sur la rive,
        Faux miroir!

Là l'ensemble de Notre-Dame,
        Bloc massif
Éloquent dans la foi qu'il clame,
        Dort pensif!

Là le Panthéon, qu'on ne gagne
        Qu'à haut prix,
Étale grand, sur la montagne,
        Son granit!...

La tour de Sainte-Geneviève
        De Paris
Ne montre plus, fin d'un beau rêve,
        Que débris!

La tour Saint-Jacques, riche gaine
        Sans autel,
Sous le chemin où se promène
        Jacque au ciel...

Et plus loin la Sainte-Chapelle,
        Dont le lys,
Nombreux à sa face, rappelle
        Saint-Louis...

Dans le lointain, où tout amorce
    Le regard,
Une masse d'ombre renforce
    Le brouillard ;

C'est le palais des Tuileries,
    Nid des rois,
Séjour de toutes tricheries,
    Non des lois !

L'arc de triomphe de l'Étoile,
    Beau géant
Laissant plus d'un nom sous le voile
    Du néant !...

Napoléon sur sa colonne,
    Grand héros,
Attend qu'on lui fasse l'aumône
    De ses os !...

Là-bas le charnier des victimes
    De juillet,
Des trois jours en leçons sublimes,
    Grand reflet !...

Puis tout autour un cercle d'arbres,
    Boulevard,
Semble une muraille de marbre

Au brouillard!...

V.

Mais que j'aime le soir, quand la nuit est bien brune,
Que le ciel est sevré du rayon de la lune,
Et que le sud se fend sous les feux de l'éclair,
Que le crillon des nuits chante dans la luzerne,
Qu'un souffle chaud mais pur avec la brise alterne,
Oh! que j'aime admirer le grand ciel sombre et clair!...

Que j'aime, dans l'élan de mon âme inspirée
Vers quelque grand penser en prière attirée
Jusqu'au trône où s'assied l'aile du séraphin,
Quand mirant mon idée, incessamment féconde,
Dans le reflet de jais du ciel plongeant dans l'onde,
A trouver dans mon rêve un horizon divin!

Mille célestes voix, avec mille harmonies,
M'apportent en concert les gammes infinies
De l'oratorio compris en chaque lieu,
Vaste partition aux pages solennelles,
Sublime à qui sait voir, dans ses notes réelles,
La puissance, l'amour et la grandeur de Dieu.

Regardez : chaque étoile avec ses yeux de moire
Resplendit, globe d'or, au front de la nuit noire

Comme un beau diamant sur un front africain ;
Plus l'ombre s'épaissit, plus la lumière brille ;
Chaque disque paraît être une jeune fille
Que sa mère a parée au jour de son hymen !

VI.

Poétique figure,
O majesté des nuits,
Que j'aime ta parure,
Ta brune chevelure
Couverte de rubis !

J'aime ta robe noire
Aux paillettes de feu !
Comme le saint-ciboire,
En toi tout porte à croire,
A craindre, à rêver Dieu !...

Qu'est le luxe du monde
Devant ta nudité ?
C'est une lèpre immonde
Donnant mine féconde
A la société !...

Que mince est toute chose,
Vanité de bas lieu,

Devant l'apothéose
Que mon âme compose
Sur l'ouvrage de Dieu!...

Poétique figure,
O majesté des nuits,
Que j'aime ta parure,
Ta brune chevelure
Couverte de rubis!...

VII.

Oh! quand poëte ainsi nocturnement nomade
Et cherchant au hasard un but de promenade
Je me livre rêveur, le cerveau bourdonnant,
Au fluide nitré, bain de nerfs étonnant,
L'imagination qu'un grand sentiment fouette
Entasse, sous mon crâne où la phrase pirouette,
De ces rayons de feu sillonnant le cerveau,
Foyer toujours actif à quelqu'élan nouveau.
Alors dans l'air brumeux qui partout m'enveloppe,
Miroite devant moi, grand caléidescope,
Le prisme compliqué de l'idée aux cent yeux
Qui, des cieux à la terre et de la terre aux cieux,
S'envole toujours prompte en son ardent délire
A formuler en mots tout ce qu'elle y sait lire.
Oh! combien dans le cours de mes impressions

Je m'enivre, baigné dans mes émotions,
Quand le cœur et l'esprit et l'âme et la pensée,
Dans l'œuvre universelle à tous pas compensée,
Plongent incessamment pour y noyer pieux
Le souvenir du monde incessant en ces lieux.
Et comme une ombre errante en ma marche nocturne
Mon vers vient altéré puiser à la grande urne;
Si bien que dans le flot débordé devant moi
D'éternelles beautés dont j'accepte la loi,
Je trouve enfin, parfois, baume de poésie,
Un penser que je bois doux comme l'ambroisie

Puis quand l'aurore au loin nuance l'horizon
Sous le brouillard éteint fumant comme un tison,
Sous la pensée en feu qui quelquefois m'abrite
Je demande en rentrant, à chaque page écrite,
Si tout ce que j'ai vu d'immortelles splendeurs
A trouvé dans mes vers des foyers réflecteurs.
Et lorsque j'ai saisi quelque teinte mortelle
Qui se fond en glacis avec l'œuvre éternelle,
Mon âme, de cœur joie en revoyant mon seuil,
Remet en le fermant tout le ciel dans mon œil...

Novembre 1839.

Architecture primitive.

✳

A FERDINAND-THOMAS.

I.

L'art! ce mot que tout homme aujourd'hui porte en bouche;
L'art! ce soleil brumeux pour l'artisan qui louche;
L'art! principe éternel ainsi que tu l'entends,
Fils de l'esprit humain procédant de l'étude
Et des impressions, alliance si rude
Qu'un seul sur cent la tente; il n'est plus pour ce temps.

L'art! principe sans fin, en ses fins unitaire;
L'art! en l'œuvre de l'homme étonnant dignitaire

Et dans chaque formule ou visible ou latent ;
L'art ! tel que le comprit Cortone ou Michel-Ange,
D'esprit et de matière admirable mélange ;
L'art ! symbolique forme... il n'est plus pour ce temps !

Il n'est plus pour ce temps où râle la prière,
Où dans les monuments on ne voit que la pierre,
Où l'on confond l'ogive et les piliers butants ;
L'art ! tel que nous l'a fait ou Reims ou Notre-Dame ;
L'art ! recourant aux corps pour qu'on sente mieux l'ame ;
L'art ! symbole et croyance, il n'est plus pour ce temps.

Pourtant égyptien, grec, romain ou gothique,
Ayant sondé du doigt les lois de l'esthétique,
Le plaça comme un phare au seuil de ses travaux ;
Si bien que sous les traits de chaque architecture
On peut lire les temps, le peuple, sa nature,
Ses mœurs, ses goûts, son culte en granitiques mots !

II.

Suivez la formule
Comme la module
L'art des Pharaons :
On peut dans le temple
Trouver chaque exemple
D'initiation !...

Dans toute figure
Mise en sa nature,
Assise ou debout,
On sent la parole
De l'homme, en son rôle ;
Grand sens, un partout !...

D'abord ces allées
Par milliers peuplées
De leurs sphynx géants
Disent à l'espèce :
Hors de la sagesse
L'homme est tout néant !...

Les deux obélisques,
Sorte d'astérisques
Renvoyant au ciel
Chaque jet de l'ame,
Message de flamme
Passant par l'autel !...

Les caryatides,
Aux formes solides,
Assises au seuil,
Nous rappellent comme
Dieu rabaissa l'homme
Dans son sot orgueil !...

La première enceinte
Qui n'était point ceinte,
Vaste *pronaos*,
Prépare l'entrée
En Dieu concentrée
De l'âme au *naos*!...

Mais là, les statues,
En leurs formes nues,
Au ventre moins gros,
Marquent sans licence
Que dans la science
L'homme est moins pathos!

La troisième enceinte,
De tous côtés ceinte
Comme fait *secos*,
Dit qu'en confidence
Des hautes sciences
Plus rien n'est chaos!....

Soit fond, soit surface,
Tout fut à sa place
Dans ce saint milieu;
Car l'âme du monde
S'y mêlait féconde
A l'âme de Dieu!

OEuvre immense et large
Qui mit à sa marge
L'annotation
Des types que porte
L'Égypte aussi morte,
Grande nation!...

Là l'horizontale
Et la verticale
A Phstha font leur vœu;
L'architectonique
Rend, partout conique,
L'image du feu!...

Le feu, type immense
En toute science
Chez l'Égyptien,
Soumet à sa forme
La puissance énorme
De l'art, grand moyen!...

Et tout porte à croire,
En sondant l'histoire
Sous les Pharaons,
Que l'architecture
Dit : science, écriture
Mœurs, religion!...

III.

Siècles puissants des pyramides,
Siècles moins savants des lagides,
Grands géants de l'esprit humain,
Vos temples saints et magnifiques
Ont brisé leurs fronts énergiques
Contre la cella des romains!...

Là, plus de sphynx par avenues;
Là, plus de colonnes statues
Comme aux portiques de Memnon;
La matière envahit la forme,
Sonde votre pensée énorme,
Mais la couvre de son limon!...

L'art! alors, dans l'architecture,
Allégorisa la nature;
L'esprit n'y fut plus triomphant!
La caryatide est colonne
Selon que son module donne
Ou l'homme ou la femme ou l'enfant.

Vierge en colonne corinthienne,
Femme sous la forme ionienne
Lui représentèrent un corps;

En attribuant la dorique,
Dans son langage allégorique,
A l'homme, né beaucoup plus fort !

Au fronton du temple, l'équerre,
De toute égalité sur terre
Rigide et consolant niveau,
Venait s'asseoir sur les portiques
Pour prouver que dans ses pratiques
Tous les citoyens sont égaux.

La verticale est redressée,
Et dans sa ligne compensée
Par l'horizontale en ses plans ;
Et ce système d'équilibre,
Symbole en tout du peuple libre,
Scella ses grands entablements !...

Et, mystérieuse parole,
L'art ne parla que par symbole
Lorsqu'avant il parlait vivant ;
Si bien qu'alors sa renaissance
Fut une dégénérescence
De celui qui mourut avant !...

Du moins il eut sa grande phase
Cet art qui mit l'or sous la vase,
Plaçant l'idée au fond de tout,

Et qui, dans ses moindres parties
Toutes entre elles assorties,
Ne fut pas vide jusqu'au bout!...

Le peintre des métamorphoses,
Dans un autre cercle de choses,
Les taillant en vers, nous apprit
L'effort de ta matière avide!...
On la voit partout dans Ovide
Cacher sous l'écorce l'esprit!...

IV.

Mais que diront de nous les siècles qui vont naître?
Que pourront-ils puiser au nôtre? Car peut-être,
Exhumant quelque jour notre vie au cercueil,
Viendront-ils, studieux pour l'observer au seuil.
Oh! combien surgiront, désillusions noires,
À leurs yeux stupéfaits de pénibles déboires;
Surtout si le passé, pour eux illuminé,
Sur le chevet des arts arrive premier né!
Car lisant dans le cœur de toutes nos misères
Ils mêleront du fiel à leurs larmes amères,
Disant : Pourquoi cet âge, avec perversité,
Mêla-t-il le néant à sa fécondité?
Pourquoi, fort du levier qu'il trouva dans la presse,
Est-il resté sans force en sa riche paresse?

Et pourquoi cependant, travailleur à deux mains,
Le vit-on mendiant flâner sur les chemins,
Sans demander sa route ou la choisir lui-même,
Aux quotients connus préférant son problème...
Oh! pourquoi, sans souci de ce qu'il dut laisser,
Voulant monter toujours ne fit-il que baisser?

Alors, faisant son deuil de notre mort précoce,
Au lieu de le parer dans sa robe de noce,
Jetant un crêpe noir sur notre faux trésor,
Ils broieront sans rancœur nos colifichets d'or,
Tentures de papier, pâtes et cartonnages,
Ornements faits en moule, affreux badigeonnages
Que la gouge réprouve et que renonce l'art,
Tout ce fatras qui luit sera mis au rencard...
Alors disparaîtront, rentrant dans leur poussière,
Tous ces joujous de luxe, infaillible chatière
Où se prennent vivants les badauds des faubourgs,
Les pédants de la Bourse et les moustacs des cours.
Et nous! nous les témoins de tant de rapsodies,
Nous, zélateurs fervents des bonnes prosodies,
Comment dès aujourd'hui, blessés de tant d'écarts,
Ne pas traiter tous ces artisans de bâtards?
Quand, s'enorgueillissant de leur vanité crasse,
Des hommes sans savoir, pris dans la populace,
Devant l'œuvre étranglée, actifs à s'émouvoir,
Jugent souvent son but manqué; tu vas le voir.

V.

Dans les constructions où l'on reclut Cortone
Des ouvriers dressaient le fût d'une colonne,
Cherchant à la poser par l'équerre et le plomb.
Bast! c'est tout ce qu'il faut! dit une voix crépie,
Ça ne sera jamais qu'une pâle copie
Du vieil hôtel-de-ville!... Oh! quel instinct ils ont!...

Examinez cette œuvre :
Quelle raison chez ce manœuvre
Dans un mot jeté par hasard !
Au lieu de renaissance
Le romain dégénérescence
Envahit cet amas sans art!...

Moi visitant un jour Lauretta Notre-Dame,
Un prolétaire entrait tenant au bras sa femme,
Visiteur curieux comme j'étais aussi
Je l'observe ; et j'entends, parole de prophète,
Ce mot de l'ouvrier parlant à sa grisette :
—Hein! quel fameux cancan on danserait ici!...

Ce mot qu'il le retienne !
Quand il verra la Madelaine
Il le répétera chrétien...
Oh! car c'est grande peine

De voir que l'Église romaine
S'installe en un temple romain !

Ce temple qui s'élève à la gloire guerrière,
Où l'Empereur enfouit le bâton en poussière
Des maréchaux de France en combattant frappés,
Reconstruit par ses mains, restauré par les nôtres,
Ne retira jamais des unes ni des autres
Quelque grand trait d'époque en ses murs ressapés.

J'applaudirais notre âge
S'il eût placé, sublime ouvrage,
Pour soutenir au Panthéon
Le dôme, grand couvercle,
Au lieu de colonnes, un cercle
De grenadiers en faction !

VI.

Artiste, quand ton front, où tout savoir converge,
Sur l'œuvre de ce siècle où l'orgueil se goberge
En invoquant les arts dont il souille les lois,
Se relève penseur et modeste à la fois,
Malgré l'éclair qu'il jette il se rabaisse sombre ;
Un nuage le couvre aussi triste que l'ombre !...
Car lui qui veut partout de grands enseignements
N'y trouve, fort en soi, qu'affreux épuisements.

7

Car ton cerveau sévère autant que poétique
Est puissant à son œuvre ainsi qu'à la critique.
Ami, combien, dis-moi, ton esprit doit saigner
Quand il voit notre temps si faible à besogner,
Et combien dans ton cœur doit s'élargir la plaie
Quand ton art si sublime est gisant sur la claie?
Oh! dans nos monuments où tout but est détruit
L'Égypte doit parfois t'apparaître la nuit,
Étalant devant toi, sublime en sa science,
Les grands faits accomplis de son intelligence;
Ces faits, par notre temps ignorés à plaisir
Pour se mieux goberger dans son fatal loisir,
Ces faits de monuments que notre époque ignare
Prend pour le ramassis d'une époque barbare,
Faits où ton œil, qui voit clair à travers le temps,
Trouve les nerfs de l'art pour tant d'autres latents...

VII.

Ami, quand chacun viole à plaisir l'esthétique,
Code émanant de Dieu pour toute œuvre artistique
Livrée à notre siècle en prostitution;
Toi, studieux talent, vertueux en ton œuvre,
Tu ne caresses pas ses formes en manœuvre,
Mais en homme, grand roi de la création!...

Bien plus, lisant au fond de l'idée elle-même

Qui, reine de l'esprit, porte le diadème
Que posa sur son front la main même de Dieu,
Tu vois l'architecture en nos temples gothiques
Par Christ, chez les anciens par formes symboliques,
Et dans tout l'Orient par leur Phstha, dieu-le-feu.

Ainsi, poétisant la large poésie,
Foyer de vive flamme où se chauffa l'Asie,
Tu vois, esprit et corps, Christ et faux dieux et Phstha ;
Et, disséquant les corps de chaque architecture,
Tu parviens, t'expliquant ainsi chaque figure,
A connaître ton art d'alpha jusqu'à zéta.

Novembre 1839.

La Plume.

A M. EUGÈNE GUINOT.

I.

Pour l'homme de pensée active,
Soit du cœur ou soit de l'esprit,
Une plume est l'arme incisive
Qui de même gronde et sourit !...

Tonnerre aux mains d'une âme ardente,
Elle foudroie en Mirabeau,
Et parle, enfant, grave ou stridente,
Dans les vers de Victor Hugo!...

Que Bossuet un jour la tienne
Elle devient rayon de foi,
Et tourne, palme citoyenne,
Dans les doigts du général Foy!...

Elle est sublime avec Molière,
Éloquente par Massillon,
Intraitable dans Labruyère,
Consolante chez Fénelon.

Sévigné la mit lettre affable,
Corneille la fit sceptre en fer,
La Fontaine la rendit fable,
Et Beaumarchais sarcasme amer.

Chénier la députait vers l'âme,
Racine l'envoyait au cœur,
Chateaubriand la rendit flamme,
Et Lamartine douce fleur...

II.

Dante
Dont l'écrit,
En flamme ardente,
Met les maudits
Et les bons anges
En paradis,
Donne, à louanges
Ou discrédit,
Tel ou tel homme
Qu'il nous dénomme !
Poëte abstrait,
A chaque page
Citant son âge,
Son vers qui met
Son délire
A dire
Un fait,
Limite
Aux fiers
L'enfer,
Et cite
Sans fiel
L'élite
Au ciel !...

III.

Goëthe, le grand poëte
  De l'Allemand,
En eut une à sa tête
  Fatalement.

Schiller, le roi du drame,
  Qui fut son jeu,
La trempa dans son ame
  Toute de feu...

Lord Byron d'Angleterre,
  La sienne en main,
Couvrit de gloire amère
  Ses parchemins.

Young vit la sienne, étoile
  Charmant ses nuits:
Milton la plaça voile
  Sur ses ennuis.

Rousseau, grand philosophe,
  La mit un jour,
Robe de belle étoffe,
  Sur son amour...

Moïse, trait sublime
  D'un saint transport,
En fit sa loi, grand hymne
  Pour le Dieu fort!..

Voltaire, grand génie
  Dès le berceau,
Fit la science harmonie
  Ou bien tableau...

IV.

Shakspeare en eut de plusieurs sortes :
Son vaste esprit s'en entoura :
Entre ses mains toutes sont fortes :
Pas une seule ne mourra!...

Rabelais, le moine caustique,
Ne la tournait pas au sermon ;
Le grand Pascal, qui tout explique,
La tint grave sur ses leçons.

La tienne, pleine d'élégance,
De finesse et de tours malins,
Devient ferme sans arrogance,
Toujours sous les traits les plus fins.

Celle qu'en mètre ici je trace
Je te l'adresse, faible envoi,
Pour reconnaître dans sa grâce
La tienne qui parla pour moi.

Novembre 1839.

Les Amis de Collége.

A MON AMI ARISTE GÉLY.

I.

Que sont-ils devenus nos compagnons d'enfance?...
Hélas! mon pauvre ami, de relais en distance
Pour le monde, où tout meurt, ils nous ont désertés!...
Pourtant faisceau de cœurs liés d'amitié tendre,
A se voir, à s'aimer, à s'aider, à s'entendre,
Tous dans ce but final ils s'étaient concertés!...

Ils s'étaient dit : Amis, nous resterons tous frères! ...
Tous, par attraction. dans les diverses sphères

Où l'étude, bras fort, emportera nos cœurs,
Au-dessus du marais où croupit toute vase,
Nous porterons unis la lèvre au même vase
Pour nous préserver tous des immondes vapeurs.

Ils disaient; et les uns, déjà rêvant richesses,
Se fabriquaient de l'or, ce dieu de leurs paresses,
Qu'ils devaient au-delà des mers chercher au loin...
D'autres, gorgés de fiel, grand chancre qui tout ronge,
Sur leurs serments d'amis ils ont passé l'éponge;
Tous, s'étant méconnus, sont morts en quelque coin.

Car sur ce sol brûlant qui sous le faible fonce,
Malheur au pèlerin dont la gourde renonce
A donner au passant la fraîcheur de son vin!
Toujours, quoi qu'il emporte au cœur de force active,
Dans ce monde de feu qui pourtant le captive
Quelque coup de soleil lui rendra soif et faim.

Eh bien! sur cette route où tout corps humain s'use,
Quel homme assistera l'homme qui tout refuse
Dès qu'au bras d'un ami lui faut tendre son bras?
Aucun! Et cependant l'ivresse à rien ne cède
Dès qu'un vieil ami choit d'accourir à son aide!...
Si tu ne sais encor, un jour tu l'apprendras...

Mais tu le sais aussi, mon vieil ami d'enfance;
Sitôt que de ta main ils ont voulu puissance,

Tu leur as comme moi répondu : La voilà !
Mais voilà qu'irrités de ta sollicitude
Ils nous ont trempés dans leur fiel d'ingratitude :
Toi docteur, moi poëte, ils nous ont plantés là...

C'est qu'aux méchants le poids de la reconnaissance
Pèse aussi lourd au cœur ; que toute bienfaisance,
Cette arme du chrétien, le rend fort et léger !...
Hélas ! quelle vertu désormais sur la route
Lorsqu'entre eux et nos cœurs règne le mur du doute
Viendra, non les nourrir, mais leur tendre à manger ?

Oh ! de ceux qui sont morts que plus simple est l'histoire !
Du moins eux, pour briller, à l'abri de déboire,
Ne pataugeront pas dans quelque saleté ;
Mais les autres !... Déjà mon œil qui les observe
Craint de voir un point noir au front de leur réserve
Que ne lavera pas toute l'eau du Léthé !

II.

Ah ! dans nos jours passés quand l'œil cherche à descendre
Il se colle attristé sur un monceau de cendre
Déposé par eux tous à la borne du temps ;
Et le boueur qui passe, à plus rien qui n'entend,
De sa pelle de fer, sur le pavé qui racle,
Les jette au tombereau qui prend toute débâcle

Et les emporte, hélas! grommelant et railleur,
A la grande décharge, au Montfaucon du cœur...
Et de qui voit cela toujours l'âme s'enroue
A crier de raison sur ce grand tas de boue,
Pour elle bon engrais quand l'homme est dans sa fleur,
Et qui, s'il se fait vieux, lui met le pus au cœur.
Dans ce hideux cloaque ouvert à qui demande,
Navré d'ennuis, mais fort l'homme qui se commande,
Cherche alors, œuvre nulle, à replâtrer ses jours;
Mais ses jours écroulés croulent sur lui toujours.
Alors dans sa raison qui pour lui tout compense
Son esprit désolé sur ces ruines pense,
Et toujours quelque grand recueillement soudain
Fait passer un frisson sur sa vie au lointain.

III.

Tout arbre qui penche
Porte sur sa branche
Un secret ennui,
Surtout quand la force
Nous manque, ou divorce
A lui faire appui.

Tout oiseau qui pleure
Sur notre demeure

Nous pousse à l'effroi ;
Ainsi quand sur terre,
Sous le mal s'altère,
Un homme ! ce roi...

Tout faîte qui tombe
Rappelle une tombe
Ou bien un malheur ;
Tout soleil qui baisse
Du jour qu'il nous laisse
Double la valeur.

Toute onde qui coule
Porte dans sa houle
Au moins un noyé ;
Quand le monde joue
A tourner sa roue
Au moins un broyé...

Lorsque dans la vase
Du plaisir qui blase
Les fronts embourbés,
Lorsque dans la lutte
Où tout pouvoir butte
Les reins sont courbés.

C'est que toute chose
Ou fanée ou rose

Dans ce froid milieu,
Pour lui retournée
Vit abandonnée
De la main de Dieu!...

Ah! comme la branche
Qui sur le sol penche,
Symbole d'ennui,
Qui, si forte tête,
Quand on l'inquiète,
N'a besoin d'appui!

Quand les rois eux-mêmes
Sous leurs diadèmes
Ont l'or sur le plomb,
Jugez sous leur lie
Ce que dans la vie
Tous les autres sont!...

Hélas! leur misère,
Qui n'est pas chimère,
Mord à faire mal;
Et leur main qui tremble
Ne peut sur l'ensemble
Porter le fanal...

C'est que sur la route
Où sans cesse goutte

L'averse des pleurs,
Je ne sais quiconque
Qui n'ait trouvé onque
Celle des douleurs.

Car toujours la vie,
Trompeuse vigie,
Nous sourit au loin ;
Mais dans chaque rue
On la voit bourrue
Presque à chaque coin...

IV.

C'est surtout celui dont la veine,
Prise beau trésor en sa main,
S'ouvre pour soulager la peine
Comme le Christ le genre humain,

Qui, gorgé de dégoûts sans nombre
Par ceux qui se disaient amis,
N'en trouve plus dès qu'il dénombre
Tous ceux qui le flattaient jadis !...

Car il voit, vain jouet qu'ils brisent,
Que tous ces grands serments du cœur

Sont autant de parfums qui grisent
L'âme qui croit son serment leur...

Et ses illusions se fanent
Comme la pétale au soleil,
Et ses espérances se damnent
Comme les songes au réveil...

Et son âme flasque et rompue,
Crachant le sang sur le chemin,
S'épuise de dégoûts repue
Comme un malade l'est du pain...

V.

Mais quand l'homme aussitôt le délaisse qu'il donne,
Faut-il que, faible enfant, notre esprit abandonne
        Tout ce que Dieu lui mit au cœur
De force, de talent, de verbe, de mémoire,
D'enthousiasme sublime et de germe de gloire,
        De poésie et de vigueur?...

Faut-il, nié qu'il est des faux amis qu'il aime,
Qu'il arrive, affreux mal, se reniant lui-même,
        A se parquer comme un lépreux?
Et doit-il, dans l'entrain du sang fort qui lui reste,

Parce que son présent toujours vit dans leur peste,
Perdre son avenir pour eux?...

Si grand que soit le mal dont sa vie est en butte,
L'homme fort d'avenir ne cède point; il lutte
Contre tous les déchirements!
Et toujours, pour laver la vieille plaie, il tente
De fonder de ses mains, dépit de leur attente,
Quelque sublime monument!...

Alors, se rejetant des hommes sur les choses,
Il sauve son esprit des lourdes ankyloses
Qui l'auraient mis sans mouvement;
Et, fixant ses regards du côté de l'étude,
Il les détourne ainsi de toute ingratitude
Dans ce nouvel attachement!...

Oh! que je plains celui qui, fermant la paupière,
Hors sa vie au présent ne voit plus de carrière,
Fatal ankyloblepharon!
Ou qui, bien qu'enlacé par les bras de l'Envie,
Se livre pauvrement au serpent de la vie!
Faible et nouveau Laocoon!...

Tant de faiblesse, ami, n'est pas saine à mon ame!
Il lui faut des combats, il lui faut glace ou flamme,
Il lui faut quelque grand souci!
Il faut à mon esprit qui sans cesse travaille,

Pour le rendre plus fort, quelque haute muraille
Qu'il lui faille emporter!... Aussi

VI.

Sur ma vie,
Amoindrie
Dans son cours,
Je mets calme
Une palme
Sur mes jours!...

Dans l'étude,
Tâche rude
A plusieurs,
J'aime à suivre,
Pour mieux vivre,
Ses labeurs!...

Car mon ame,
Qui proclame
Le travail,
Se procure
Pour doublure
Son émail!...

Et moins pleine

De sa peine,
Elle vit
Mieux doublée,
Et d'amblée
Se guérit!...

Au cœur morte,
Mais plus forte
Au cerveau,
Elle coule,
Dans la foule,
De niveau!...

Et mon ame,
Vive flamme
Qui me luit,
Seule éclaire,
Tout ulcère
Qui me suit!...

VII.

Et pourtant ma nature à l'amitié peut-être
Plus qu'à l'étude encor était faite pour naître,
Tant de fibres j'avais à donner aux amis,
Que sur mes détracteurs mon front penche et gémit!
Car, vois-tu, notre enfance, où tout point est mirage,

Revient hamac en fleurs bercer l'homme à tout âge!
Notre enfance! C'est là que nos pas sont marqués
Sur quelque sable d'or contre du quartz troqués!
Notre enfance, asile où sans cesse se rejette
Comme en un havre sûr notre vie inquiète!
Notre enfance, trésor mis sous un pot de fleurs
Où nous venons cueillir pour tromper nos douleurs!
Notre enfance! C'est là, pour tout cœur qui contemple,.
Que deux amis s'en vont prier comme en un temple
Aux souvenirs de l'âme, à l'échange des cœurs,
Grande urne des plaisirs qui ne sait rien des pleurs!
Notre enfance! C'est là que se trouve heureux l'homme,
Autre Éden; comme Adam il y mangea la pomme!...
Pomme de l'amitié, fraîche et si bonne au goût
Que l'homme en rêve, hélas! et la quête partout!
Si pleine de saveur, si fondante à la bouche
Que le nerf tremble au cœur lorsque la main la touche;
Pomme enfin que plus d'un put regretter un jour
Quand il fut l'échanger pour la pomme d'amour!
Fruit amer et qui fane, hélas! hommes et choses,
Quand loin de les montrer il lui voile les causes,
Si bien que l'homme épris de son nouveau Satan
Prend les fruits de l'enfance et les vend à l'encan.

Oh! devant cette erreur qui partout me désole,
Que j'aime à retrouver fidèle ta parole,
Ami, comme autrefois frictionnant mon cœur,
Parmi tant de pensers te clouant au labeur!
Oh! que joyeuse alors est ma veine quand vibre.

Écho du cœur, la voix de ton amitié libre
Sur mes jours rembrunis par de nombreux absents ;
De ta parole, ami, je compte les accents,
Et les mets en mon cœur comme dans une caisse,
Pour te les rembourser, mais non pas à la baisse !...
Car comme étant enfant Gély-l'homme est à moi :
Le Siméon fait homme est le même pour toi !...

Mais, hélas ! c'est le sort de tout sur cette terre !
Trouvant, entier pour toi, mon cœur que rien n'altère,
Tu te plains, pauvre ami, de trouver sur mon front
Ces lignes en travers que parfois interrompt
Encor chez moi l'éclair d'une pensée amie !...
C'est que quand la douleur a passé sur ma vie
Quelques larmes du cœur, hélas ! cuisants exprès,
Comme un rabot qui creuse ont passé sur mes traits,
Ou c'est que quelque foudre éclatée en mon ame
A tombé sur ma joue en un sillon de flamme.

De la nature, ami, c'est là partout le lot ;
De la terre et de l'homme, hélas ! c'est le pivot
Sur lequel chaque cœur tourne au vent qui le pousse,
Éclaboussé qu'il est, à moins qu'il n'éclabousse...

VIII.

Après le printemps vient l'hiver ;
Après le plaisir vient la peine ;

Après avoir eu feu d'enfer
Le sang se glace dans la veine!

Le doute vient après la foi,
Après le doute l'espérance,
Après le désordre la loi,
Après la loi la déchéance!...

Après le soleil vient la nuit;
Après la nuit pointe l'aurore
Qui fait pâlir le ver qui luit,
Riant aux cimes qu'elle dore...

Après l'aurore le midi,
Qui se fond dans le crépuscule;
Après la gaîté vient l'ennui;
Le point vient après la virgule.

Le fleuve va silencieux
Après avoir crié dans l'arche;
Le jour se couche dans les cieux
Sous l'étoile qui toujours marche

Le calice, âme de la fleur
Où naît la pétale de rose,
Dans l'air s'exalant en odeur
Souvent dégarni se repose!...

Auprès du silence des champs
Règne le tumulte des villes ;
L'oiseau, lui, module ses chants
Près du sifflement des reptiles.

Près de l'église est la prison ;
Auprès de l'heure la pendule ;
Tout suc vient auprès d'un poison ;
Près du bon goût le ridicule !...

IX.

Hélas ! mon ami,
Si le gai sourire
Dès longtemps a fui
Mon front sous son pli,
C'est, il faut le dire :
Le cœur a sur lui
Pris puissant empire !...

Comment voir, dis-moi,
Sans plisser la vue,
Les hommes de loi
Et ceux de la foi,
Qui, sans retenue,
Disputent pour soi
Leur fortune accrue ?...

Comment dans ce temps,
Qui lève la tête,
Vivre à cœur content
Quand on voit des gens
Que l'âme soufflète
Parler, insolents!
Comme l'homme honnête!...

Comment, dans les arts
Pour eux pur caprice,
Voir de toutes parts
L'artiste, au hasard,
Qu'il peigne ou bâtisse,
Critiquer camard
Ce qu'il rapetisse!...

Pourtant nos aïeux,
Forts de la boussole
Qu'ils suivaient pieux,
Mettaient, studieux,
A tout un symbole
Qui pour tous les yeux
Tourne en parabole!...

Aussi, m'enfermant
Seul dans ma pensée,
Je creuse les ans
Dont les larges flancs

Portent condensée
L'âme des vieux temps,
Qui meurt chaque année...

X.

C'est là que mon idée, enfermée en son coin,
Sonde la profondeur des siècles qui sont loin ;
Et que, mêlant aux temps dans lesquels il se plonge,
Le sourcil contracté d'un regard qui s'allonge,
Mon front incessamment se plisse en méditant,
Empruntant jeune encor le pli que font les ans...
Oh ! parmi ces regards attentifs du poëte,
Combien de grands éclairs pénètrent dans ma tête !
Combien dans le lointain qui parade à mes yeux
Je lis d'intentions grandes chez nos aïeux !
Et combien, comparant par eux ce que nous sommes,
Je compte dans ce siècle un petit nombre d'hommes,
Égal au petit nombre aussi d'amis que j'ai !...
Mon cœur, si vieux qu'il soit, se trouve moins âgé.
   Va ! quittons sans espoir notre belle jeunesse,
Temps heureux qu'on maudit et qu'on pleure sans cesse
Quand la virilité, terrible main de fer,
Prend le cœur au collet, le poussant dans l'enfer
Du monde de ce siècle au cœur dur et frivole
Parlant de ses écus, n'en ayant que s'il vole !

Ouvrant boutique à tout, pour moi bagne éternel,
Où le juste est au banc auprès du criminel !
Car ainsi va la vie, ainsi marchent les choses !
Sans chercher à sonder trop loin le cœur des causes,
Hélas ! dans cette époque où tout marche au galop,
Époque qui n'a rien et qui croit avoir trop,
Les hommes, peu pieux pour ce qu'ont fait leurs pères,
Se pavanent drapés dans leurs riches suaires ;
Flattant l'un, frappant l'autre, et sur un ton gaillard
Usent sans les priser des écus et de l'art !...
Quand sous leurs pieds le sol de notre France craque,
Sans seulement bouger lèvent la cataraque
Aux yeux de la Fortune, et, pour qu'elle soit mieux,
Lui jettent, charlatans, mille poudres aux yeux ;
Coupent la jambe au trône, un bras aux prolétaires,
La bourse dans la poche à tous propriétaires ;
Otent aux monuments la robe des vieux temps ;
Font des chemins de fer à résister dix ans,
Et laissent dépérir, crime digne du bagne !
Les routes, les canaux creusés par Charlemagne.
Ce qu'ils ont fait dans peu leurs fils le détruiront !
Ainsi l'homme à trente ans penche aujourd'hui le front.

    Alors, reconstruisant les temps par la pensée,
Pour m'esquiver, ami, de la tourbe insensée,
Qui corbeau destructeur s'acharne sur le corps
Du fougueux coq gaulois dès avant qu'il soit mort,
Dans mon nid de travail riche de leurs vieux meubles,
Je convoque sans bruit feudataires et *neubles*,

Et gâchant les platras du cœur chez les humains
J'en fais pour les mouler une pâte en mes mains.

XI.

Ainsi va mon esprit, ainsi vont mes journées ;
Ainsi mes larmes vont, de travail couronnées,
Cheminant pas à pas jusqu'à l'éternité !...
Heureux, lorsque parfois parmi mes paperasses,
Cartulaire profond où se croisent les races,
Tombe, présent du ciel, un mot de l'amitié...

Alors je prends à moi le loisir de le lire,
Alors je prends en moi le plaisir de l'inscrire
Sur la page du cœur que je blanchis pour lui ;
Et trouvant chez l'ami que sa lettre m'explique
Le germe et l'action d'un courant magnétique,
Dans ce qu'il fut hier je le vois aujourd'hui !...

Oh ! combien dans les cœurs qui me restent fidèles
Je vois luire à mes yeux de clartés solennelles
Ainsi qu'un labarum illuminant mon front !
Et combien je me donne, avec eux quand je reste,
D'avant-goûts supposés de la fête céleste
Dans mon cœur qui pour eux jamais ne l'interrompt...

Mais c'est surtout, ami, quand ton âme expansive
Dans un pli fait pour moi par le courrier m'arrive
Que je ressens dans l'âme un grand tressaillement;
Et que pour plus d'une heure, heure où je me remplume,
J'oublie, en respirant ton verbe par ta plume,
Tout ce que mon cœur eut d'affreux tiraillement...

Car c'est surtout, ami, dans ton cœur par ton verbe,
Que je retrouve encor dans cette vie acerbe
Où j'en ai tant perdus quelques parfums pour moi;
Et dans l'air moins couvé que par toi je respire,
Mon âme, Ariste, encor se plaît à te redire:
Le Siméon fait homme est le même pour toi!...

Novembre 1839.

La Chrysalide

A LA LOUPE.

A MON FRÈRE.

I.

L'air est froid; ne sors pas, chrysalide, ma belle!...
    Il ne fait pas brise à courir!
Moi, ton ami, si tu gelais ton aile,
    Je sens qu'il me faudrait mourir.

Dans ton cœur, chrysalide enfermée,
    Crains de t'envoler même aux cieux;

Beau papillon à l'aile refermée,
    Là-haut tu n'aimerais pas mieux.

Dans notre hiver, recouvert de ta soie,
    Mélancolique papillon,
Longtemps demeure enroulé dans ta joie
    Comme tu l'es dans ton cocon!...

Bientôt va naître, aliment de ce globe,
    Le premier souffle du printemps;
Et tu vas prendre, au sortir de ta robe,
    Tes deux ailes pour vêtements.

Et tu fuiras à travers la campagne
    Comme un esprit léger de l'air;
Et mon regard qui du tien beaucoup gagne
    Jetera les feux de l'éclair.

L'air est froid; ne sors pas, chrysalide, ma belle!...
    Il ne fait pas brise à courir!
Moi, ton ami, si tu gelais ton aile,
    Je sens qu'il me faudrait mourir.

II.

Car l'haleine
De l'hiver

Est de fer
Dans la plaine ;
Et le sang
De ta veine,
Si sereine
Dans ton flanc,
S'il t'entraîne,
Fou brillant,
Sur aveine
Et verveine,
Double aubaine
Du printemps,
Se rengaîne
Sous la chaîne
Qui le prend !

III.

A peine un rayon de lumière
        Teint le ciel,
        Et Noël
Laisserait geler la prière
        Sur l'autel !

Partout s'élève la fumée
        Sur les toits.

Et la voix
S'éraille de froid consumée
Et décroît !

Le pauvre, engourdi sur la terre,
Tombe et meurt ;
Et ses pleurs
Laissent froids, froideur qui macère,
Bien des cœurs !

L'oiseau grelotant sur la branche
Se fait gros,
Et bientôt
Transi par le froid il s'épanche
En sanglots !...

Pauvre charmante créature
De nos champs,
Que tes chants,
Troublés par cette saison dure,
Sont touchants !...

Renferme-toi bien dans ta plume,
Chaud duvet ;
Car Dieu met
Ta tête à l'aile où se remplume
Ton chevet !...

IV.

Oh ! l'haleine
De l'hiver
Est de fer
Dans la plaine !
Et le sang
De ta veine,
Si sereine
Dans ton flanc,
S'il t'entraîne,
Fou brillant,
Sur avoine
Et verveine,
Double aubaine
Du printemps,
Se rangaîne
Sous la chaîne
Qui le prend !...

V.

L'air est froid ; ne sors pas, chrysalide, ma belle !...
Il ne fait pas brise à courir !

Moi, ton ami, si tu gelais ton aile,
     Je sens qu'il me faudrait mourir.

                    Novembre 1839.

Question d'Orient.

AU ROI.

Le Koran abaissait comme un vieillard la tête ;
Mahmoud était allé rejoindre le prophète ;
Un jeune homme prenait le globe d'Orient ;
Sultan, il se voûtait sous le poids de l'Asie ;
Constantinople allait subir Alexandrie ;
L'islamisme râlait au cœur du plus croyant !

L'aigle de Pétersbourg, active sentinelle
Sur sa proie échancrée attachant sa prunelle

Où flamboie incessante une lueur de sang,
Voulait, sous les efforts de son aile qui boite,
Tombant sur le géant que son regard convoite,
Pour le mieux terrasser le prendre par le flanc...

Saint-James, peloton qui sur tout point converse,
Livrant sa politique au flot de son commerce,
Gouvernail à bras qu'il manœuvre en sa main,
Fier, dans le hausse-col qui l'engonce et le guinde,
Pour couper de moitié ses étapes de l'Inde,
Cherchait à s'y frayer par l'Égypte un chemin.

Ali, le vieux pacha qui toujours se dérobe,
Renfermé dans ses plans, impénétrable robe
Au reflet de laquelle apparaît Ibrahim,
Posait dans son Égypte, ainsi qu'un chat qui rôde
Prêt à porter sa griffe, ardent à la maraude,
Sur l'empire croulant du neveu de Selim!...

Toi, du haut de la France, échelle symbolique
Où grimpe d'un côté le peuple en république
Et de l'autre les grands voués à ta maison,
Avec feu du coup d'œil, protectrice étincelle,
Pour avoir coudes francs tu dardais ta prunelle
Braquée à tous les points de ce triple horizon!...

II.

Car, au revers du flot qui forme le Bosphore,
Océan contenu comme dans une amphore,
Un édifice immense, œuvre de Mahomet,
Se disloquait, penchant de la base au sommet,
Qui grand, mais vermoulu, quoiqu'encor sans fractures,
Craquait avec fracas dans toutes ses jointures.
Unkiar-Skelessy, poteau de bois du Nord
Par l'aigle moscovite offert en contre-fort,
Pilier-butant, perfide et moins puissant que large,
Le portait, pour laisser crouler à temps sa charge;
Car en posant ce pieu le Czar avait compris
Que, restant seul debout au ventre des débris,
Son étai, contenant des secours forts en nombre,
Se dresserait colosse au-dessus des décombres,
Formant en haie autour un cercle de soldats
Qui lieraient ce monceau d'États à ses États.
En vain le coq gaulois qui parle par ta bouche
Avait interpellé l'aigle du Nord qui louche,
En vain sur l'arc-boutant convenu d'Unkiar
Son timbre vibrait fort à l'oreille du Czar,
Le poteau bien assis, quoique scellé dans l'ombre,
Resta ferme en son lieu sans menacer, mais sombre.

III.

Quand cet édifice géant
Rongé de vétusté s'écroule,
Lorsque chaque effort de la foule
Le pousse inclinant au néant,

Quand aux mains d'un pouvoir en herbe
Il s'en va, pliant devant nous
Comme un moribond les genoux,
Écrasant son sultan imberbe,

Il semble que tout soit en jeu
Pour le démolir par le faîte,
Et que l'ouvrage du prophète
Fléchit même en la main de Dieu;

Car ceux qui lui donnent des larmes,
Brillants débris des ulémas,
Jusques au cœur de cet État
Déjà même plantent leurs armes!

Mais lorsqu'ainsi font les pachas
Dans ce grand corps qui se délabre,
Contre la puissance du sabre
Que devront faire les rayas?

Ces épaves de l'islamisme,
Que meurtrit une main de fer,
Dans ce paradis leur enfer
Colporteront bientôt le schisme!

Et si quelqu'adoucissement
Pour eux, à la loi du prophète,
N'arrive en rosée à leur tête,
Oh! que sera le dénouement!...

Quelle main aura la puissance
D'arrêter le débordement
Qui sappe de ce monument
La base jusqu'à sa naissance!...

IV.

Un nuage noir
S'étend sur l'Euphrate;
L'œil de l'autocrate,
Le premier, pour voir
Quelle foudre il porte,
Signale aux pachas
Que son geste exhorte
L'orage cohorte
Qui pleut des soldats.

Le divan s'agite
En tordant ses mains,
Le Sultan s'irrite...
Des bruits souterrains,
Effrayants symptômes
Hurlant mille mots,
Éveillent ces hommes
Grisés de repos.
Là, dans les entrailles
Du sol qui gémit,
L'oreille affermit
Le bruit des batailles;
L'œil voit les murailles,
Ces ternes écailles
Du corps des cités,
Croulant par entailles
Aux coups irrités
Des forts excités,
Larges représailles.
Là les escadrons,
Piaffant superbes,
Foulent les moissons,
Les rudes chardons
Et les hautes herbes;
Car dans ce concert
Des mille impostures
Où l'esprit se perd,
Hommes et montures

Sortent des gerçures
Du sol entr'ouvert!...
L'Asie alarmée,
Humble en son maintien,
Ordonne à l'armée,
Grand corps sans soutien,
De s'élancer, prête
Au nom du prophète,
Hafiz à sa tète,
Faible *Schophetim*,
Contre ces cohortes
Hurlant à ses portes
Et que poussent fortes
Les mains d'Ibrahim.
Et des Dardanelles,
Gardes des sultans,
Hautes sentinelles
De rochers géants,
Part une nuée
Aux milliers de bras,
Force exténuée
Aux mains des pachas!
Son long cimeterre,
Au mortel tranchant,
Fait sonner sur terre
Son fourreau qui, blanc,
Jette la lumière,
Éclair du tonnerre

Qui gronde en ses flancs ;
Car ce foyer large
D'animosité
Portant double charge
De mortalité,
S'il frotte, au passage
Sur l'autre nuage,
Fera son ravage
Sur l'humanité !
Mais le vent de guerre
Qui souffle de terre
Emporte en sa main,
Nombreuse cohorte,
Cette masse forte
Qui, brouillard humain.
Se met sur la route
Soit d'une déroute,
Soit de longs débats ;
Et bientôt ces hommes,
Stupides soldats,
Leviers à combats,
Passeront fantômes
De vie à trépas ;
Et pour leur parure,
Au lieu d'une armure
Aux reflets luisants,
Il leur faudra rendre
Pour nipper leur cendre,

Un suaire blanc !...

V.

Mais le combat fait fracas...
Et là-bas,
Les bras,
Sous la mitraille
Qui les taille,
Se dispersent vains éclats !

L'âme
Bout dans les forts ;
Aux corps
Morts
Se mêle une flamme !

Chevaux
Se renversent ;
Rivaux
Se dispersent.
Prenant, lâchant leurs drapeaux...

La mêlée,
La poussée,
Ses cris, les hourras

Des soldats.
La poudre
Qui foudre
Tonne aux bras :

Le vacarme
Des armes,
Dans leur choc,
Rappellent les mélanges
Des phalanges
De Moloch !

Un nuage de poudre au loin couvre la terre,
S'allongeant sur les morts en crêpe funéraire,
Et la foudre qui tonne élargissant ses flancs
Promène le carnage et la mort dans les rangs.
Lâches et valeureux, vieux et jeunes succombent ;
Et la bataille, ingrate à ces guerriers qui tombent,
Les entasse frappés, pêle-mêle sanglants,
Comme à ses pieds le chêne amoncelle ses glands.
Et le crêpe de mort, tissé par la fumée,
Change en un demi-jour la lumière embrumée ;
Puis l'odeur du salpêtre enflammant le cerveau
Donne à tous les acteurs de ce sanglant tableau
Des traits où le reflet du sang qui les inonde
Mêle sa teinte rouge, effet de jour immonde
Se jouant en éclair comme en ceux du démon,
Au clair-obscur sortant de la poudre à canon ;

Et ce coup de pinceau que ne peut la peinture,
La mort, elle, l'imprime en rouge à la figure.
    Mais dès longtemps déjà de feu des bataillons
Répond, écho tonnant, au choc des escadrons ;
Et toujours le nuage au diamètre énorme,
Quoiqu'absorbé par l'air, se condense et se forme ;
La mêlée est terrible, on se frappe en hurlant,
Les cris vont s'engouffrer dans le bronze roulant ;
Et toujours les deux camps en ligne de bataille
Mettent entre eux leur feu qui s'y dresse en muraille ;
Et malgré tous les morts et malgré les mourants
La même ardeur survit dans le cœur des deux rangs.
    Mais tout à coup, au sein du nuage qui monte,
Apparaissent aux yeux grands types : gloire et honte,
Deux figures de femme aux aspects différents
Projetant leurs regards de l'un à l'autre rang.
L'une, à la robe blanche, à la couronne en tête,
Un laurier d'une main, de l'autre une trompette,
Sourit aux deux côtés qu'elle semble exciter ;
L'autre, teinte du sang qu'elle veut éviter,
Les membres déchirés par de larges blessures,
Traîne son corps meurtri tout couvert de souillures,
Et dans l'expression de ses traits grimaçants
Leur montre que sa robe est rouge de leur sang ;
Elle invoque chacun, et chacun la repousse
Par un coup de feu qui lui rend une secousse.
    Une heure entière ainsi dans le doute courut,
Quand un homme au milieu des deux camps apparut !

Il portait pour turban un grand cercle de gloire ;
Sa main, familière à toucher la victoire,
S'avança fièrement, ferme dans son chemin,
Vers la femme aux traits purs et lui tendit la main.
Elle, sans hésiter, la lui tendit de même,
Lui disant : « Ibrahim, tu vois combien je t'aime,
« Car cette fois encor je m'attache à ton camp...
« Aux autres l'autre femme et ses membres en sang. »
    Et l'autre femme alors de blessures couverte
Courut au camp d'Hafiz précipiter sa perte ;
Et l'Égypte avança contre lui, grand faisceau ;
La victoire avait pris en ses mains son drapeau.

A la place

De l'audace,

Dans les lignes du sultan,

La panique

Glace ou pique

L'élan

Ottoman ;

Et l'armée,

Alarmée

Comme un grand chaos

Se débande

Et ne demande

Qu'à tourner le dos.

Cavalerie.

Chefs et soldats,
Infanterie
Lâchent le pas ;
Et la déroute,
Qui rien n'écoute
Dans ses terreurs,
Grosse d'alarmes,
Jette ses armes
    Aux vainqueurs !
    La mêlée
Échevelée
Cesse son bruit ;
    La défaite
S'enfuit complète...
La colère qui s'entête...
    Et tout détruit,
Enfin docile,
Cherche un asile
    Dans la nuit.

VI.

L'aigle mocovite,
Témoin de la fuite
Du croissant vaincu,
Dont le chef se sauve
En ses plans déçu.

De sa griffe fauve
Écartant l'ergot,
S'apprêtait, vampire,
A saisir un lot
De ce vaste empire
Qui courait pied-bot,
Effaré dans l'ombre
Quoique fort en nombre,
Mais faible de cœur,
Aux coups de la foudre
Sortant de la poudre
D'Ibrahim vainqueur !
Car par l'alliance
Dite d'Unkiar,
OEuvre de science
Au profit du Czar,
La Porte ottomane,
Dont l'éclat se fane,
Devait en ces jours
De grande détresse,
Suivant sa promesse,
Lui crier : Secours !...

Mais à ta parole,
Hardi protocole
De ton coq gaulois,
Ibrahim s'arrête
Au beau de sa fête

Et de ses exploits...
Et quand la victoire
Lui ceignant au front
Un rameau de gloire,
Il aurait pu prompt
Capter la Syrie,
Traverser l'Asie,
Entrer au divan,
Lier le Sultan,
Enchaîner Bizance,
Fonder sa puissance
Au vœu du Koran,
Ce géant superbe
De l'Égypte acerbe
Se rassied dans l'herbe,
Non loin du combat,
Son saint capitole,
Attendant le rôle,
Guerre ou concordat,
Que dans sa puissance
Lui dictera France
Réglant ce débat!

VII.

Quoique s'insurge la critique,
Oh! notre rôle est magnifique

Dans le grand drame d'Orient ;
Car il fallait pour s'y conduire
Une figure à tout détruire,
Avec un cœur conciliant !

Il fallait, science profonde,
Dans l'intérêt croisé du monde,
Que notre intérêt triomphât !
Il fallait, lorsque la Russie
Imprimait un pas dans l'Asie,
Devant nous qu'elle le biffât !…

Il fallait lorsque l'Angleterre,
Qui par la mer vise à la terre,
Voulait l'Égypte sous sa main,
Que dans ce conflit des puissances,
Relàchant de ses espérances,
Elle rebroussât en chemin !

Il fallait que sous sa défaite
Le Sultan, honte de sa tète,
Mais sous les morts enseveli,
Livràt, transaction pénible,
Par tiers son turban reversible
Aux mains de Méhémet… Ali !

Il fallait que, vassal de même,
Ali, malgré le diadème

Que lui laisse au front le Sultan,
Souverain par Alexandrie,
Apanagé par la Syrie,
Fût vassal du sabre d'Osman!...

Il fallait, effort de génie,
Pour le grand concert d'harmonie
Des peuples qu'on appelle paix,
Malgré chaque grande exigeance,
Que la main qui tint la balance
Ne s'engourdît pas sous le faix!...

C'est là qu'il était beau d'atteindre!
Mais, sans pour cela même enfreindre,
Soit les traités, ou soit l'honneur,
Eh bien! toi, génie à tout faire,
Cette mission salutaire,
Tu l'as menée avec bonheur!

Viens! as-tu dit à la Turquie
De tous les côtés envahie,
Près de succomber sans déblai,
Ton front qui penche comme un saule,
Viens l'appuyer sur mon épaule,
Ce sera ton meilleur étai!...

Et la Turquie, heureux synode
En divan, calque notre Code,

Notre état social, nos mœurs :
Personnes, honneur et fortune,
Protégés par la loi commune,
Comme en Europe vivront sœurs.

Cette grande œuvre, ta conquête,
Seconde couronne à ta tête,
L'une au dehors, l'autre dedans,
Quand on cherche à la méconnaître,
Tu pourrais nous la faire admettre
Sans confondre nos éléments.

Car si ta main saisit les rênes
De nos relations lointaines,
Quand chacun s'écrie en hourras.
Disant : C'est à l'intelligence
A tenir chez nous la puissance!...
Mais, sois député, tu l'auras!...

Qui donc t'empêcherait de l'être!
La Charte ne fait rien connaître
Qui te gêne à le devenir ;
Car n'es-tu pas contribuable?
J'essaierais, non pas immuable,
Ce précédent pour l'avenir!...

Oh! quel moyen pour ta couronne,
Soumettant ainsi ta personne

Au vote de la nation,
D'arriver, brillant privilége,
Par la voix de chaque collége,
A sacrer l'autre élection.

Puis, sans te voiler de mystère,
Député, prends le ministère
Qu'au Roi défend sa primauté.
Dans ce siéle où tout veut paraître
Il serait au Roi piquant d'être
Ministre de sa royauté !...

VIII.

Alors il serait beau, quoiqu'assis sur le trône,
Le front ceint glorieux d'une triple couronne
Dont tu rapporterais deux à l'élection :
Royauté citoyenne et députation,
La troisième ton bien, par qui croît la puissance,
Somme active chez toi de haute intelligence,
De venir trois fois forts, au temple de la loi,
Roi toi-même expliquer ton ministre du Roi,
Dire à la nation nos forces, notre armée,
L'Europe par tes soins sans combat désarmée,
Notre Code, nos lois, notre Charte, nos mœurs,
Refuge des vaincus, bouclier des vainqueurs.
Et puis tu nous dirais, secret que tu dois taire,

Comment au piége creux l'homme peut se soustraire ;
Tu nous dirais, prophète et puissant scrutateur,
Les plans des rois, du Czar et ceux de l'Empereur !...
Puis tu nous ferais voir, grand miroir catoptrique,
Tous les ressorts cachés de chaque politique :
Albion la jalouse, active en ses projets,
Se foulant le poignet contre l'isthme de Suez ;
Puis l'ambition russe à la jambe cassée,
Qui saute dans tes mains, inhabile poupée,
A conquérir l'État qu'elle avait tant rêvé,
Pour lequel son trésor d'hypothèque est grevé !
Tu dirais l'Orient qui change à ta parole,
Chantournant à nos lois le prophète et son rôle,
Le vieux Kosrew penchant sa tête vers le Czar
Et soumettant la Porte au traité d'Unkiar ;
Tu dirais, grand secret qui toi-même t'étonne,
La main de Méhémet composant sa couronne ;
Tu dirais, quand chacun tient à lever le bras,
Comment la paix sans guerre est possible ici-bas.
  Alors les vanités si vaines de la foule,
Qui ne trouvent qu'un fait dans un monde qui croule,
Voyant que ton épaule est forte à tout tenir,
Courberont devant toi leurs calculs d'avenir ;
Et lisant dans ta main de grand savoir saisie,
Qui dissèque en son creux Europe, Afrique, Asie,
Chaque fait accompli si vaste qu'on s'y perd :
Oh ! s'écrira chacun, ô que cet homme est expert !

IX.

Hélas! quand ma pensée, un moment oublieuse
De notre Charte douce autant qu'elle est bilieuse,
S'amuse à se broder quelque plaisir par toi,
J'entends à mon oreille, ardent et saint conclave,
La presse, grande voix punissant qui la brave,
Qui m'adresse ces mots : Mais la loi… mais la loi!…

Et son organe, en qui vit toute poésie,
Sur ma plume trempée aux affaires d'Asie,
Peut-être, hélas! déjà jette proscription;
Mais partout où son trait trouve un puissant mérite,
Quel que soit dans l'État l'homme qui l'accrédite,
Elle lui trouve un droit à sa religion!…

Et toi dont la main vient de sauver un royaume,
Que j'admire en cela, non monarque mais homme
Rendant à l'univers l'équilibre rompu,
Que leur fortune soit ou néfaste ou propice,
Libres en leur allure ainsi qu'en leur caprice,
Mes vers t'auront porté l'honneur qu'ils auront pu.

Ainsi ferai toujours sans souci de personne,
Qu'elle porte superbe au front une couronne,
Ou dans ses pieds saignants les lourds sabots du gueux;

Car pour moi l'enveloppe est chose sans urgence :
Tel est chamarré d'or qui, dans l'intelligence
A l'objectif de l'âme, est un pauvre lépreux.

Décembre 1839.

Les Papillons

A LA LONGUE VUE.

A M. BERGERON.

I.

Le premier souffle chaud de l'air vient de renaître.
De sa patte engourdie éloignant le verrou
              Qui terrasse son trou
La marmotte a passé le nez à la fenêtre.

Le premier mouvement de la sève, pur sang
Aux veines en rouleau de l'arbre qui la couve
Déjà même s'émouve ;
Après pulsation monte, et plus ne descend.

Le premier son pieux de la gamme parlée,
Goutte, larme brillante, au bec du rossignol,
Dans l'air, champ de son vol,
Comme les gouttes d'eau dont la terre est perlée.

Déjà le rantz s'émeut en la corne de bœuf,
Cornemuse pendue à la lèvre du pâtre ;
Sous le buisson noirâtre
Chaque oiseau de nos champs songe à donner son œuf.

Sur le front pur du lac naît la joyeuse ride...
A l'horizon lointain qui fuit et plaît aux yeux
Montent les brouillards bleus,
Comme l'encens, vers Dieu, lui, s'élève en l'abside.

Le fond d'azur si gai du printemps, qui tout vaut,
Étend sa robe au ciel et transparente et claire ;
Partout dans l'atmosphère
Le nuage se pose à cent mètres plus haut.

Le premier papillon, fils de sa chrysalide,
Quitte son nid de soie et vole dans le ciel !...
Déjà la mouche à miel
Va chercher son butin dans la fleur qu'elle vide.

II.

Allez !
Volez !
Ballez !
Car la flore
Fait éclore
Sous
Vous
Mille purpurines corolles.....
Gais papillons, aux doubles ailes folles
Sous le soleil brillant qui moire vos couleurs,
Volvolitez joyeux sur le velours des fleurs
Que la flore
Fait éclore !
Ballez !
Volez !
Allez !

III.

Le premier bouton de la feuille
Tendre et vert
Entr'ouvert
Rit au ciel qui déjà l'accueille,

Déjà l'aubépine de mai
Se fait blanche,
Et sa branche
Jette son souffle parfumé !

Partout de la fleur bien-aimée
De Rousseau
Le coteau
Pousse la pétale embaumée.

Le gazon sous la paquerette
Se garnit ;
Là revit
La mouvante bergeronnette !...

Le rouge du matin au ciel
Se réveille,
Et l'abeille
Court les fleurs pour glaner son miel.

Le doux rayon crépusculaire
Monte clair,
Et dans l'air
S'élance le spectre solaire !...

IV.

Allez!
Volez!
Ballez!
Car la flore
Fait éclore
Les
Mets
Qu'en vos courses lointaines,
Au milieu des jardins fleuris,
Votre caprice, aimant tout à son prix,
Offre, gais papillons, à vos souples antennes,
Lorsque pompant le suc distillé par les fleurs,
Votre lèvre fait à leurs cœurs,
Indiscrète,
La coquette!
Une morsure, aiguillon du désir,
Que vous bornez à ce premier plaisir,
Dont vous favorisez encore
Chaque nouveau martyr
Que la flore
Fait éclore!
Allez!
Volez!
Ballez!

V.

La rosée
Du matin
Rend à chaque fleur damassée
Son satin ;

Et les brises,
En concert,
Jettent leurs haleines, par crises,
Au désert.

Les corolles
Des bleuets
Pendent comme des girandoles
Par bouquets !...

Puis la Vierge
Met son fil
Comme une souple et molle verge
Au pistil

Que votre aile,
Sans égard,
Meurtrit, insectes sans cervelle,
Au hasard !...

VI.

Vole !
Frôle
La fleur
Au cœur ;
Biaise
Ou baise
Fort
La pétale, qui vit ou de sable ou de glaise,
Soit au pic escarpé, soit à l'humide bord !
Et puis flaire,
Pour lui plaire,
Le ruisseau,
Demoiselle,
Sur ton aile,
Blanc réseau
Que tu poses
Sur les roses
Pour toi
Écloses.
Crois-moi,
Caresse
Et presse
Leur sein
Fin !

La Peine de Mort.

⸙

A ANTONI DESCHAMPS.

I.

Elle entendra le cri de ta muse indignée,
Cette fatale loi qui dans le sang baignée
      Traîne son couperet;
Et qui de grand matin remonte à la barrière,
Dresse sa table et boit, dans un crâne en arrière,
      Le sang pour du clairet!...

Elle entendra ta voix cette étrange justice
Qui, sur son rouge autel où s'emplit son calice,

Dit sa messe à l'enfer !
Qui, pour Eucharistie, à la chaux de la tombe,
Pour hostie un cou nu sous un couteau qui tombe
          Dans deux crampons de fer !

Elle entendra l'arrêt que ta bouche prononce
Sur la peine de mort et laissé sans réponse
          Jusqu'au jour d'aujourd'hui ;
Mais ta muse épousée et qui jamais ne veuve
Fera, quoique hargneuse enfin qu'elle s'émeuve
          Quand son temps aura fui !...

Il faudra bien, poëte, à ta noble pensée,
Que, malgré ses fureurs, cette folle insensée
          Morte au Code pénal,
Quitte, avec l'attirail qu'elle traîne à sa suite,
Cette France longtemps maculée et détruite
          Par son pied machinal !

Car tu viens de porter le tranchet et la corde
Du juge sur l'autel de la miséricorde
          En criant : Dieu le veut !
Et leur montrant le Christ par qui tout homme jure
Tu leur as dit : Voyez !... C'est là qu'il faut conclure
          A tout ce qui se peut !...

II.

Deschamps, ta mission est sainte !
Apôtre du verbe de Dieu.
Convertis ce fatal milieu
Dont le bras par sa rude atteinte
Ne sait qu'éterniser la plainte
De l'homme empalé sur son pieu !...

Poursuis-la ta tâche sublime
Par la parole et par le cœur ;
A l'exemple du Rédempteur
Versant tout son sang sur la cime,
Recommence le mot de l'hymne
Mort sous dix-huit siècles d'erreur...

Marche ! marche ! à travers le globe,
Sur tout chemin ensanglanté
D'arbres de sentence planté,
Revêtu de ta sainte robe :
Et dans ton Évangile englobe
Leur tribunal à tort vanté !

Confonds-les tous dans leur science
Ces inextricables docteurs
Croissant petits, sur les hauteurs

De charité de conscience,
Et de qui toute prescience
Cède aux cris des accusateurs.

Appelle à toi surtout les masses,
Ces piscines de la raison
Où se dissipe tout poison;
Car Dieu, s'il confondit les classes,
A convoqué toutes les races
A se loger dans sa maison!...

Sa maison, faite par quatre hommes:
Marc et Mathieu, Luc et Saint-Jean,
Présente à tous le même plan;
Asile d'autant que nous sommes
Et que dans tes vers tu dénommes,
Fût-elle faite pour Satan?...

Non! Dieu dans sa toute clémence
Envoya son Fils parmi nous,
Ineffable sauveur de tous,
Pour dire à l'humaine puissance,
Par le fait seul de sa sentence,
Qu'un juste est souvent sous ses coups.

Et pourtant depuis le calvaire,
Piédestal de rédemption,
Combien, par condamnation.

De pur sang a rougi sur la terre
Sans que l'ordre judiciaire
Ait compris cette ablution !

Et la machine du supplice
N'étant pas morte avec Jésus,
On n'y voulut rien faire plus
Que, donnant chic au sacrifice,
D'en changer la forme et la lice :
De leur justice affreux abus !...

III.

Oh ! quand ta muse ainsi sur le sang fait révolte,
Et de sa charité prépare la récolte
En donnant pour engrais aux âmes la douceur,
Fruit détaché de l'arbre où se nourrit ton cœur ;
Quand éclairant le monde enfin sur sa justice
Au temps où l'homme tombe encor en sacrifice
Sur l'échafaud sanglant, on ne peut le nier,
Où la tête tranchée est jetée au panier ;
Quand discutant, en vers, la question de vie
Et de mort, tu voudrais qu'elle fût assouvie,
Poëte, ta grande âme, étoile de clarté,
Au siècle en même temps prêche la charité
Qui, sur ton mètre égal, développée à l'aune,
Se transfigure en toi par l'amour de l'aumône ;

Car le franc de ta bourse, ouverte aux gens de pleurs,
En larmes de rosée est mis sur leurs douleurs.
C'est ainsi qu'ajoutant au précepte l'exemple
Ton âme se suspend au tronc de chaque temple ;
Mais c'est peu pour ton cœur de donner ton argent :
Faisant briller sur tout ton vers intelligent,
Tu le déposes saint, peu jaloux qu'on le prône,
Jusqu'aux pieds couverts d'or d'un homme sur le trône
Quand cet homme en ses mains tient, privilége faux,
Une tête qu'il cède ou vole à l'échafaud !...
Oh ! quand ainsi par toi le mal partout s'allége,
Poëte, que ta muse est riche en privilége !...
Que tu dois tous les jours voir d'heureux dans tes yeux !
Que tes songes de nuit doivent t'ouvrir de cieux !

IV.

En aumône
Comme en trône
Ton grand vers,
Voix qui gronde,
Dit au monde
Ses travers !

Quand ta rime
Qui décime

Nos défauts
Les proclame,
Ta grande ame
Plaint nos maux!...

Sur ce gouffre
Où tout souffre
Par devoir,
Ta voix colle
La parole
De l'espoir!

Dans l'abîme
Où le crime
Dort ou bout
Ton œil plonge,
Et par songe
Tu vois tout!

Et ta verve,
Sans réserve
Et sans peur,
Forte, éclate
Et ne flatte
Que le cœur!

Mais ta plume
Qui résume

Tous les plans,
Clame sainte,
Non sans plainte,
Ses élans!...

Puis ta vie
Étudie
Tous nos pas,
Et bon guide
Suit rigide
Nos débats!...

Oh! poëte,
Quand ta tête,
Grand fanal,
Nous éclaire,
Comment faire
Encor mal?...

V.

Mais dans ce milieu faux où se débat le monde,
Comment plutôt, hélas! fuir l'infernale ronde
Entraînant l'homme au crime ou vers quelque douleur;
Et comment sous la roue où sa nature râle
Fera-t-il, répondez! dans la fosse sociale,
Pour écarter du bras flétrissure ou malheur?

Car vous n'ignorez pas, vous qui les avez faites,
Qu'en vos mœurs sans amour, couronnes à vos têtes,
La foule sans espoir dans le mal défaillit ;
Et cependant vos bras, forts de la loi qui tue,
Quand ils l'ont laissé choir mettent sans retenue
La chemise de force au faible qui faillit...

Les hommes cependant, fils de la même mère,
Avaient bien même droit à remuer la terre
Pour y récolter tous et le pain et le vin ;
Mais l'homme ayant voulu, déchéance profonde,
Dans son orgueil sans yeux donner ses lois au monde,
La législation de Dieu fut code vain...

Alors confusion fut le lot des empires !
Car pour rayer un mal on en rêva de pires,
Et tout code d'en haut disparut d'ici-bas !
Si bien que leur sagesse, inharmonie étrange,
Aux hommes qui sont faits pour agir en phalange,
Mit d'un côté la tête et de l'autre le bras !...

Et le cœur, cette boite à l'amour qui tout classe,
Proscrit chez les humains comme un proscrit qui passe,
Ne présida jamais aux heures du travail ;
Et le vol et le meurtre encroûtés sous leur crasse
Débordèrent, flot creux, toute l'humaine race.
On bâtit des prisons... Il fallait un bercail...

VI.

Et la vie
Fut envie
Et combat,
Et le monde
Fit sa ronde
Du sabbat!...

La détresse,
Par paresse,
Fit le mal :
Voilà comme
L'homme à l'homme
Fut rival!...

La misère
Sur la terre
Crût partout...
Et l'espèce,
Sans jeunesse
Et sans goût.

Pour se faire
Un salaire
Travailla ;

Mais la ruse
Qui tout use
L'échancra...

Furent grandes
Quelques bandes
D'acquéreurs,
Et plus forte
La cohorte
Des voleurs!

Que fit l'homme
Voyant comme
Tout allait?
Il eut honte
Du mécompte
Qu'il trouvait;

Et par files
Mit en villes
Des maisons,
Pour exclure
Ou reclure
Les larrons!...

Et les autres,
Francs apôtres
Des larcins,

Ou souffrirent
Ou se firent
Assassins!...

Et la vie,
Répartie
En deux camps,
Toute cause
Fit sa pose
Dans le sang!...

VII.

C'est que l'homme en créant un ordre à sa manière
Avait inscrit *Désordre* au chef de sa bannière...
C'est que, fou dédaigneux de ce que Dieu donnait,
Il se crut un grand sire en ce qu'il ordonnait.
Ainsi donc, divisant la terre par partie,
Il inventa d'abord le sol de la patrie :
Délimitation que Dieu ne connaît pas,
Grande source de guerre entre tous les États!
Puis après, morcelant tout nouveau territoire
Acquis, pour son malheur, du sang de sa victoire,
Il en fit à chacun une part en égal,
Y mit un chef commun pour un nombreux vassal
Qui devait de sa sueur engraisser ses cultures
Pour en laisser le fruit à quelques créatures

Mises là par le glaive, et par glaive ordonnant
A ces hommes parqués sous leur commandement,
Et l'on veut que, contents sous d'éternelles gênes,
Ces hommes dégradés vivent quittes de haines,
Et que portant au cou le joug comme leurs bœufs
Ils souffrent sans penser être esclaves comme eux !...

VIII.

Quelle déraison détestable
A donc gagné tous les cerveaux
Pour prétendre que les vassaux,
Traités comme bêtes d'étable,
N'aimeraient pas le confortable
De leurs maîtres dans leurs châteaux ?...

Quoi ! vous voulez que tous ces hommes
Humiliés à vos genoux,
Qui sont ce que vous êtes tous,
Qui sont, hélas ! ce que nous sommes,
Conduits comme bêtes de sommes,
N'eussent pas rendu coups pour coups !...

Puis aujourd'hui le prolétaire,
Fustigé dans tous les états ;
Cet esclave aux milliers de bras
Qui pour vous exploite la terre

Au prix d'un modique salaire,
Croyez-vous qu'il ne pense pas?...

Et vous voulez, erreurs étranges!
Quand près de vous, riches heureux,
Tout leur manque, nécessiteux,
Que ces gens, qui ne sont pas anges,
Trouvent bon, dociles phalanges,
Leur bien que vous mangez sans eux!...

IX.

Oh! si pour les humains la nature est la même,
Si ce que celui-ci veut un autre aussi l'aime,
Pourquoi vouloir pour un ce qui revient à tous?...
Et n'est-ce pas enfin une incroyable audace
D'exiger que la faim reste calme à sa place?...
Vous qui le commandez y résisteriez-vous?...

Parce que le hasard, qui seul fait les fortunes,
Vous aura fait sortir des misères communes,
Vous voilà, beaux en selle, à cheval sur les lois...
Et les autres nombreux que la misère frappe
Vous les entassez tous comme en des trous à trappe
Dans le noir cabanon qu'on appelle leur toit!...

Oh! que grand est l'abîme, et combien de victimes!

Pour elles, par bonheur, libres d'un de ces crimes
Qui vous jettent un cou sans façon au couteau,
Ont, dans l'affreux milieu qui les a fustigées,
Passé, martyrs du monde, aux mœurs si négligées,
De leur vie en guenille au néant du tombeau...

Oh! changez!... refondez tout dans votre débacle!
Si c'en est un, pour Dieu! faites-nous ce miracle,
Dans ce siècle où chacun en fait par prospectus!
Personne n'aura-t-il celui d'un nouvel ordre?...
Qu'il vienne! nous verrons... il aura de quoi mordre...
Mais : *Sublatâ causâ tollitur effectus...*

X.

Enfin quel sera l'hypocrate
Dont les aphorismes meilleurs ,
Favorables aux travailleurs,
Dans ce monde où tout âme grate,
Diront à cette vie ingrate
Comment on a mieux fait ailleurs?...

Car le code
A la mode
Aujourd'hui
Fouette ou tue

Dans la rue
Hors celui

Qui, dans sa sueur humiliée,
Voit d'un regard indifférent
Passer son travail qu'on lui prend
Dans la bourse bien verrouillée
Du fisc à la main éraillée,
Non pas de l'argent qu'il nous rend ;

Car sa caisse,
Qui s'engraisse
Par millions,
Ne se forme
Quoiqu'énorme
Qu'aux haillons...

Quel pourrait être le remède
A donner à des maux si grands?...
Faut-il, abolissant les rangs,
Cette loi par qui tout procède,
Ravivant ce qui nous précède,
Singer le partage des Francs?...

Code agraire
Est misère,
Voyez-vous...
Car la terre

Tout entière
Est à tous!...

Donc c'est une plus nouvelle ère,
Sublime et consolant milieu,
Qui, législation de **Dieu**,
Doit enfin retourner la terre,
Et sur notre terrestre sphère
Classer chaque chose en son lieu...

Théorie
D'harmonie
Loin encor!...
Sois modèle
Qui rappelle
L'âge d'or!

XI.

C'est seulement du jour où la société, morte
Dans les lourds clavelons qu'à son col elle porte,
Aura, cadavre lourd tombé sur les chemins,
Et s'y pouvant tenir à peine sur ses mains,
Changé pour un corps jeune et fort dès sa naissance
La putréfaction qui pour elle commence,
Que le chancre qui vit aujourd'hui dans son sein
Étouffé par la vie expirera sa fin...

Oh! combien tout alors, dans ce monde qui souffre,
Surgissant rose et frais des vases de son gouffre,
Développant son être ainsi que Dieu l'a fait,
Au lieu de les nier clamera ses bienfaits!...
Car l'amour, seul levier des hommes et des choses,
A chaque activité rapportera les causes,
Fera mouvoir le bras au lieu de le duper,
Fera tenir la tête au lieu de la couper,
Appliquera la vie aux penchants de l'espèce,
Le travail à son cœur, la force à sa faiblesse,
Prendra nos passions, d'où sont nos criminels,
Pour en faire au travail de permenants autels,
Et classant ses enfants en nombreuses phalanges
Prendra le doigt de Dieu pour faire ses mélanges...

Oh! dans cet avenir que mon œil entrevoit
Que j'aime, loin du siècle, à m'isoler parfois!
Que j'aime, contemplant la nature, grand livre
Où tout homme qui pense apprend comme il doit vivre,
Mo bâtir, à l'instar de celui qu'on attend,
Un phalanstère à moi construit comme j'entends;
Et préparant de loin sa prochaine arrivée,
Parcourir avant tous, en ma charte privée,
Les détours alignés du plan géométral
Où ma pensée a mis son système social!...

Alors dans ce milieu que je forme à ma guise,
Céleste vision à ma pensée acquise,

Je place, privilége heureux qui m'est permis,
Tous ceux qui désormais me sont restés amis ;
Et trouvant que leur cœur est de nouvelle sorte
Sous mon ciel d'or nouveau dans mes bras je les porte,
Heureux, quand l'univers chante sous son linceul,
De trouver dans ma joie à ne pas être seul !...
Car ce monde, existant pour moi par théorie,
Reposant avant tout sur un fait d'harmonie,
Suppose dans ses fins le concours de plusieurs,
Et si j'y rêvais seul j'y rêverais d'erreurs !...

Deschamps, poëte noble, oh ! ta muse que j'aime
Dans mon ciel d'harmonie est mon second moi-même ;
Je la prends sous le bras, familier promeneur,
Et m'inscris sans façon au livre de son cœur...

XII.

Mais quand le rêve ainsi tourne en rond dans ma tête,
Ta muse, elle, est moins folle et jamais ne s'arrête
    Sur un soleil d'espoir ;
Car dans la mission que le ciel lui confie
Entre avant tout, je sais, la question de vie,
    Pour elle saint devoir !...

C'est qu'il est bon, Deschamps, dans ce siècle frivole,
Qu'on entende l'accent de ta grave parole
    Appelant la raison !...

Et chacun pour son cœur où quelque vertu clame
Aime à mêler parfois, dans ce monde sans ame,
              Ton miel à son poison!...

Oh! dans tes saints élans quand ta muse t'inspire
Quelques-uns des pensers que tout poëte aspire
              Dans ses recueillements,
Prends ton mètre, où s'étend le but que tu propages
Pour mesurer en vers de ces sublimes pages
              Pleines d'enseignements!...

Et quand, dans l'avenir où tout effort s'applique,
La réforme pénale aura fait ce qu'explique
              Ton amour par tes vers,
Toujours, quoi qu'il arrive, à ta muse sublime
Quelque poëte chaste adressera son hymne
              Au nom de l'univers.

Comme ta mission, digne d'apothéose,
Ton nom, présage heureux de quelques grande chose
              Sera respecté saint!...
Puis l'âge, éternisant celle que je te donne,
Viendra de siècle en siècle encenser la couronne
              Dont ton front brille ceint!...

Novembre 1839.

Le Sablier de mes Heures.

A ALTAROCHE.

I.

Deux plateaux de bois creux faits de cœur ou d'écorce
Sur triangle soudés par une triple torse,
Un double globe en verre horizontalement
Contient les mêmes mots que verticalement
Sur double fiole inscrits tour à tour retournée
Marquant l'emploi du temps par nuit et par journée ;
Du sable qui s'écoule, allant de haut en bas,
Sur chaque mot de l'heure appesantit son pas :
Et suivant le soleil à mesure qu'il baisse,
Nous dit de bien user de celui qu'il nous laisse ;

Car chaque jour s'avance et fuit sous l'*Angelus!*...
Du temps que Dieu nous fait c'est là le prospectus...
C'est là du bon vieux siècle où vieillirent nos mères
Le grand régulateur de leurs heures amères;
C'est là que pour dormir, c'est là que pour manger,
Pour prier ou pour fuir un nocturne danger,
Nos pères, grands chercheurs de forme poétique,
Avaient mis d'heure en heure au temps chaque pratique;
Si bien que le dîner, la messe, le travail,
Par colonnes et plans indiqués en détail,
Sur chaque cône, orné d'inscriptions sans nombre,
Venaient à temps pour eux dans le soleil ou l'ombre;
Et tous à tout instant, sachant ce qu'ils faisaient,
Lisaient ce qui devait les occuper après!
Cet instrument de l'heure interprète, en sa forme,
Des aspects si divers de la vie uniforme,
Mélancolique en tout de ces siècles si vieux,
Fait qu'on rêve parfois de remonter vers eux.
Car comparant entre eux les instruments des heures
A celui des vieux ans celui de nos demeures,
Combien est préférable et poétique et grand
Le sable de leur vie à nos jours en cadrans!...

II.

Mais, image fidèle
De la marche éternelle
Des jours et de la nuit,

Sablier de leurs heures,
Que tu passas de leurres
Dans ton sable qui fuit!...

Car toujours dans la vie,
Fleuve qui ne charie
Que d'énormes débris,
On ne peut dans la foule,
Qui comme un torrent coule,
Entendre que grands cris!...

Et pourtant l'Espérance,
En la loi de souffrance,
Soutient chaque mortel;
Mais dès qu'arrive l'heure
Qu'il attendait meilleure
Tout lui tombe réel!...

Réalité fatale
Dont la croûte s'étale
Comme une lèpre aux yeux...
Et qui pour seule chance
N'a plus d'autre allégeance
Que de rêver les cieux!...

III.

Ombre

Sombre
De la foi,
Passe
Basse
Près de moi !

Vie
Plie
Sous le faix...
L'ame
Clame
Tes méfaits !

Cône
Trône
Du devoir !...
L'heure
Fleure
Comme espoir !...

IV.

A chaque heure de la journée
Ta double fiole, retournée
Par l'homme, se vidait toujours ;
Et toujours par lui mise en marche
Il y comptait, froid patriarche,
Le pas de la nuit et des jours !...

La fiole qui se vide et passe
Sans que le sable y laisse trace,
C'est l'homme courant au néant ;
Celle qui s'emplit est la fosse
De l'homme, condition fausse,
Tombé mort au gouffre béant !

Au lieu des chiffres prosaïques
Où deux aiguilles éclectiques,
Tournant folles sur un ressort,
Nous rappellent surtout la vie,
Ton sable qui la putréfie
Leur rappelait surtout la mort.

Que ta figure est poétique
Dans ta simplicité gothique
Faite à l'image des vieux ans !
Sablier, qui marquait les heures,
Tu nous dis comme en ses demeures
L'homme fit emploi de son temps.

Sur ta double figure sombre,
Non soumise à la loi du nombre
Qui trône sur tous nos cadrans,
Tu marquais, à l'homme sur terre,
Ce qu'à chaque heure il fallait faire
Pour gagner le ciel, qui tout prend.

Benedicite confortable,
Avec la prière sur table,
Apportait encor plus souvent,
Malgré la foi même du prêtre,
Les mets tels qu'on les peut connaître
Dans le livre de Taillevent.

Mais la ville n'a plus personne :
Écoutez! une cloche sonne!
Oui... c'est l'heure du couvre-feu!
Le guet, cohorte qui tout fouille,
Bientôt va sortir en patrouille
A son heure qui tarde peu!...

L'*Angelus*, heure de prière
Marchant sans croix et sans bannière
Dans le convoi des nations ;
Sixte, Laudes, Matines, Tierce,
Heure fatale où se disperse
La phalange des passions!...

Que de souvenirs à mon âme,
Que je n'admire ni ne blâme,
Sablier, tu me peints géants !
Qu'à cette heure qui les amène
Le temps me prend et me promène
Pendu sur tes gouffres béants.

V.

Toi, reliques
Des pratiques
 Du jour,
Tu les traces
Sur deux faces ;
 Et pour
Nous apprendre
A comprendre
 Tes flancs,
Tu leur donnes,
Par colonnes
 Et plans,
Pour que l'heure
Soit sans leurre,
 Un mot
Par ton sable
Saisissable
 Trop tôt ;
Et ton moule,
Qui s'écoule
 Entier,
Peint des âges
Les ravages,
Sablier...

VI.

Toi, relique des temps compassant nos journées,
Quand j'aime en ton sable entassé
A lire, à travers les années,
Au grand livre des destinées,
Où tout siècle a son passé,
Tous les fastes d'histoire,
Travail de chacun,
Grand clos de gloire
En commun,
Mon ame
Clame,
Ardent crieur,
Ce qu'en mon cœur
Homme
Je chôme
Du vieux temps;
Puis ma pensée
Sourit, — insensée,
Aux espoirs palpitants;
Car le regard sur ton sable,
Qui, comme un fil s'écoule à l'œil,
Sondant mon siècle en son orgueil,
Oh! je pense, penser du diable!
Sablier, que tout marche à descendre au cercueil.

VII.

Nos journées,
Qui sont nées
 Pour choir,
Tombent mortes
A nos portes
 Le soir,
Et le rêve
Que soulève
 La nuit
A l'aurore
S'évapore
 Détruit.
Ainsi l'homme,
S'il consomme
 Le fiel
Sans rien craindre,
Croit atteindre
 Le ciel!
Mais qu'il tombe
Dans la tombe,
 Au seuil
Sa dépouille
S'en va, rouille,
Au cercueil!...

VIII.

Car toujours dans la vie,
Fleuve qui ne charie
Que d'énormes débris,
On ne peut dans la foule,
Qui comme un torrent coule,
Entendre que grands cris!...

—

Heure
Pleure
Sur tout cœur!
Age
Nage
Au bonheur.

Tierce,
Perce
Le sommeil;
Cloche
Hoche
Le réveil!...

Sieste,
Reste

Sur mes yeux!...
Prône,
Donne
Nous les cieux!...

—

Image, hélas! fidèle
De la marche éternelle
Des jours et de la nuit,
Sablier de nos heures,
Que tu contins de leurres
Dans ton sable qui fuit!...

IX.

Moi, si peu fait pour la prière,
Tant j'ai blasphémé la carrière
Où tout se dépite ici-bas,
Quand l'*Angelus* vint sous ton sable,
J'éprouve une joie ineffable
A me rejeter dans ses bras!...

Quand le *Benedicite* sonne,
Heure qui n'est plus pour personne
L'heure de prier sur les mets,
Je refais alors le service
Que pour rendre encor plus propice
Le sel du cœur assaisonnait!...

Puis plus tard quand arrivent vêpres,
Malgré les incurables lèpres
De la philosophie en moi,
J'aime à voir, à travers un psaume,
Sous le chaperon ou le heaume,
Les hommes priant avec foi!...

Et dans le goûter, heure morte,
Je crois distinguer la cohorte
De tous ces pieux travailleurs
Qui, pour achever leur journée
Par lassitude chantournée,
Mettaient du pain sur leurs labeurs.

Soit que le couvre-feu s'apprête,
Car il survit dans la retraite
Qu'on bat aux casernes le soir,
Je récapitule mes heures
Pour chercher au sein des meilleures,
Homme, si j'ai fait mon devoir.

Et quand parfois quelques journées
Se montrent à moi couronnées
Par un fait qui les réjouit,
Alors je souris dans mon ame,
Pour laquelle à Dieu je réclame
Quelques bons rêves de minuit!...

Puis, soudain tiré de ce rêve
Par quelque rumeur qui s'élève
A la rue, où tout est débat,
Dans quelque moderne pensée
D'actualité condensée
Ma nuit plus triste se rabat!...

X.

Réalité fatale
Dont la croûte s'étale
Comme une lèpre aux yeux,
Et qui pour toute chance
N'a plus d'autre allégeance
Que de rêver les cieux.

Et pourtant l'espérance,
En la loi de souffrance,
Soutient chaque mortel;
Mais dès qu'arrive l'heure
Qu'il attendait meilleure
Tout lui tombe réel!...

Et toujours dans la vie,
Fleuve qui ne charie
Que d'énormes débris,
Je ne peux dans la foule,

Qui comme un torrent roule,
Entendre que grands cris!

Image, hélas! fidèle
De la marche éternelle
Des jours et de la nuit,
Sablier de mes heures,
Que tu contiens de leurres
Dans ton sable qui fuit!...

XI.

Hélas! lorsque ma plume ainsi joue avec l'heure,
Plus d'un chagrin sur terre ou se raidit ou pleure!
Moi, détournant les yeux de ces vives douleurs,
Je le paierai bientôt par des moments de pleurs!
Car la vie, où chaque heure est mordue en sa joie,
N'abandonnéra pas ainsi longtemps sa proie;
Et déjà sur le tas de ton sable écoulé
Je retrouve le chancre en mon coin refoulé;
Si bien que, dans ton globe où mon vœu se replie,
Je trouve inscrit le mal qu'auprès de toi j'oublie.

Sablier, quand mon vers appliqué sur ton flanc
Cherche dans ta légende à faire emploi du temps,
Dans ton sable qui fuit je rencontre des leurres
Comme sur nos cadrans, sablier de mes heures!...
Et pourtant mon esprit, qui s'attache aux vieux temps,
Sur ton sable qui fuit parfois rêve content.

XII.

Toi, reliques —
Des pratiques
Du jour,
Tu les traces
Sur deux faces;
Et pour
Nous apprendre
A comprendre
Tes flancs,
Tu leur donnes,
Par colonnes
Et plans,
Pour que l'heure
Soit sans leurre,
Un mot
Par ton sable
Saisissable
Trop tôt;
Et ton moule,
Qui s'écoule
Entier,
Peint des âges
Les ravages,
Sablier...

Des temps compassant
Quand j'aime en ton sable entassé
A lire, à travers les années,
Au grand livre des destinées,
Où tout siècle a son passé,
Tous les fastes d'histoire,
Travail de chacun,
Grand clos de gloire
En commun,
Mon ame
Clame,
Ardent crieur,
Ce qu'en mon cœur
Homme
Je chôme
Du vieux temps;
Puis ma pensée
Sourit, — insensée,
Aux espoirs palpitants;
Car le regard sur ton sable,
Qui, comme un fil s'écoule à l'œil,
Sondant mon siècle en son orgueil,
Oh! je pense, penser du diable!
— Que tout marche à descendre —

— Nos journées,
Qui sont nées
Pour choir,
Tombent mortes
A nos portes
Le soir,
Et le rêve
Que soulève
La nuit
A l'aurore
S'évapore
Détruit.
Ainsi l'homme,
S'il consomme
Le fiel
Sans rien craindre,
Croit atteindre
Le ciel!
Mais qu'il tombe
Dans la tombe.
Au seuil
Sa dépouille
S'en va, rouille,
Au cercueil!...

La Forme et le Fond

PAR COEUR ET AME.

A M. LOUIS DESNOYERS.

LE COEUR A LA FORME.

I.

Dans l'œuvre de ce monde où l'œuvre de Dieu pleure,
J'avais, homme de Dieu fustigé de bonne heure,
Hélas! aussi rêvé mon avenir serein;
Mais mon âme, fleur tendre accrochée à ces rides,
Tomba lasse sous tant de vérités perfides
S'élevant autour d'elle ainsi qu'un mur d'airain.

Et mon cœur avait cru, charmé par ces prologues...
Mais le monde, en riant, cette meute de dogues
        Portant partout son croc,
Mit bientôt en lambeaux mon cœur et ses croyances,
Et, mâchant mon bonheur né de mes espérances,
        Y fit plus d'un accroc !

Mais jeune et soutenu par le train de ma fièvre,
Cette âme de nos sens qui se marque à la lèvre
En baisers de Satan, sur la coupe de fiel
Qu'il me tendait toujours j'osai porter ma bouche,
Ne voyant pas le trait de son regard qui louche,
Puisqu'encor je voyais dans ma tête le ciel !...

Oh ! jamais l'œil, là-haut, s'égarant dans l'extase,
Cherche-t-il en amour à savoir si le vase
        Est plein de trahisons !...
Alors le monde, armant sa main de perfidies,
De la foule qui rit affreuses maladies,
        M'abreuva de poisons !...

II.

Et mon âme à la main j'errai de rue en rue,
Demandant à chacun, parole chaude et crue,
Si l'on n'aurait pas vu, céleste vision,
Une femme au cœur pur nourri de passion

Qui voulût, foi-gardée à mon amour pour elle,
Rendre à ma passion une amour éternelle,
Et dans l'élan de l'âme et dans l'élan du corps
Voir si ces éléments en nous étaient d'accord!
Et chacun, se gouillant de mon singulier rôle,
Souriait de pitié tournant sur son épaule
Son front, théâtre fait de tout l'orgueil humain,
Et personne ne prit mon âme dans sa main!...

III.

Alors, stigmatisant du regard cette foule,
Torrent toujours grossi mais qui toujours s'écoule,
Chariant dans ses flots cent méchants pour un bon,
Je quittai sans regret les hommes pour leurs œuvres,
Et fuyant le venin de toutes ces couleuvres
Mon vœu posa son nid dans chaque vieux fronton.

J'admirais, plus content, les êtres par les choses!
Devant les monuments indestructibles gloses
Du grand langage, dont chaque pierre est un mot!
Et dans les transports purs dont mon âme était prise
Je mêlais, doux plaisir, mes frissons à la brise
A qui je confiais mes pensers en dépôt.

Pensers d'amour de Dieu, pensers d'amour des femmes,
Pensers d'amour de l'art, pensers d'amour des ames.

J'empruntais à chacun quelques renseignements ;
Mais dans ce val de doute où toute beauté râle
Ce fut, bienfait du ciel, devant la cathédrale
Que mon âme trouva de grands enseignements.

Oh ! combien, dans le cœur renversé des ogives
Que Notre-Dame mêle à ses frises massives,
De démons déguisés passèrent tour à tour !
Et tour à tour, combien, sortis du sanctuaire,
De nobles hommes morts, vêtus de leur suaire,
Vinrent se dédraper aux pieds de chaque tour !...

Un soir, c'était à l'heure où le roulis des hommes
Surgit nombreux et sort de chaque pavé, comme
Les fantômes, la nuit, dans nos rêves scabreux !...
J'habillais de pensers le temple et sa façade,
Et mon esprit pieux dépouillait chaque arcade
Pour mieux en démêler les symboles nombreux !

Ainsi tout absorbé par l'antique muraille,
Dédaigneux des vains mots de tout passant qui raille,
Mon esprit embrassait Notre-Dame à deux bras,
Poëme de la foi que l'empire accompagne !...
Quand soudain, de son bloc de granit, Charlemagne,
Plus imposant encor parmi tous nos fatras,

Descendit au parvis, majestueux apôtre,
Le globe impérial d'une main, et de l'autre

Tenant pour contre-poids l'immense monument,
Un frisson, glace et feu, rida mon épiderme,
Mon cœur à l'admirer d'abord trouva le terme,
Mais mon verbe resta, lui, dans le dénûment,

Tant jetait de reflets cette tête dans l'ombre,
Tant elle s'élevait au-dessus du grand nombre,
Que l'homme le plus fort eût eu les bras cassés !
Mais la bonté chez lui balançant la puissance
Il me montra du doigt, céleste jouissance,
Tous les secrets de Dieu dans ses murs entassés.

IV.

Là l'ogive,
Qui dérive
Des élans
Des croyants,
Pêle-mêle
S'entremêle
Aux frontons,
Et la rose
S'y dispose
En festons.
Sur la cloche,
Qui se hoche
Dans la tour.

Cri de l'âme,
Dort ou clame
Tout le jour!...

—

Ici la façade
A la triple arcade,
But de promenade
Du penseur qui croit,
Montre ses légendes,
A nombreuses bandes,
Au pied de la croix,
Dont la pensée ample
Donna forme au temple,
Qui, muette voix
De la foi qui prie,
Sans cesse lui crie
Qu'une autre patrie
Attend peuple et rois.

—

Quand le trèfle partout s'installe
En trois proportions égales,
L'une au-dessus, deux au-dessous,
Ne sont-ce pas les trois personnes
Trinitaires et toutes bonnes
Du Dieu que nous adorons tous?

Dans les fenêtres, dans les frises.
Sur le sommet, dans les assises,
Dans les dentelles des frontons,
Partout ce terme légendaire
Étale son front trinitaire,
Soit en niches, soit en balcons !...

Ici, découpant la façade
Au flanc de chaque balustrade,
Il s'y dissémine en riceaux ;
Là, non moins sainte parabole,
L'artiste l'a mis, grand symbole,
Aux colonnes pour chapiteaux.

Sur les côtés comme à la face,
Partout où l'œil pieux se place
Ce triple reflet apparaît ;
Hors du chevet et dans l'abside,
Comme l'être qui tout préside,
Le trèfle est de Dieu le portrait !...

—

Et puis, contemplez dans l'enceinte,
Pour tous les chrétiens trois fois sainte,
Ces files de piliers géants !
Dans leurs colonnes fuselées
En fortes masses rassemblées,
L'une sur l'autre profilées.

Ne trouve-t-on pas les croyants?
Sublimes et pieux symboles
Trouvés dans les graves paroles
De la bouche du Christ, selon
Qu'il est dit aux textes des Pères :
Je serai parmi vos prières
Lorsque vous prierez en mon nom!

Et quand l'orgue avec sa voix mâle
Entonne l'allégresse ou râle
Sur le clavier un avec trois,
Sous les voûtes des saints portiques,
Jusqu'au cœur des arceaux antiques,
On s'imagine les cantiques
Des anges au pied de la croix!
Et dans l'ombre du sanctuaire
L'homme agenouillé sur la pierre
Éprouve un saint recueillement,
Tel que du fond du tabernacle
L'âme croit saisir un oracle
Aux lèvres du Saint-Sacrement!

Près de l'abside où l'œil s'incline,
Comme le cœur dans la poitrine,
On mit la cloche à l'*Angelus!*
Le matin sonnant la prière,
A midi sonnant la lumière,
Le soir sonnant l'heure dernière,

Depuis trente ans n'y sonne plus !
Pourtant l'art, éloquent langage
Des croyances au moyen âge,
Ne mit l'*Angelus* près du chœur
Que pour prouver sur le modèle
Que les prières du fidèle
Doivent toujours partir du cœur !...

—

Dans les figures grimaçantes
Qui sont au dehors rugissantes
Et tournent le dos aux autels,
Gardant sur leurs faces maudites
Les grandes angoisses prescrites,
On doit voir les péchés mortels !...

Qui, dans leurs gaîtés infernales,
Tantôt se cramponnent aux dalles,
Tantôt sous les chenaux de plomb,
Et qui, du portail à l'abside,
S'agitent sur le mur solide
Que n'ébranlent pas ces démons !...

Ce cortége apocalyptique
Braillant son infernal cantique,
L'art ne l'a pas mis là sans but !
Traduisant ainsi la devise

Qui dit à tous : Hors de l'Église
Pour l'homme il n'est point de salut!...

Dans ce monde les hérésies
Et les grandes apostasies
Reniant le Saint-Sacrement,
Vivant en état de parjure,
En enfer vomiront l'injure,
Selon l'éternel jugement!

—

Parmi la prière,
S'élançant de terre
Dans les clochetons,
Mystiques symboles
Des saintes paroles
Dites en tous noms,
Voyez vers l'abside,
Où la foi réside,
Tous ces arcs-boutants!
Leurs masses bombées,
A têtes courbées,
S'inclinent tombées
Depuis six cents ans,
Devant la partie
Où l'Eucharistie
Convoque à la vie,
Et petits et grands!

Puis la voûte,
Seule route
Pour qui crut,
Montre un but
A toute ame
Qui proclame
Ce qui fut ;
Car sa face
Nous retrace
Le Christ mort !
Sa nervure
Nous figure
Que le corps,
Fût-il fort,
Faible loque,
Se disloque
Par la mort !...

Mieux mon esprit lisait dans ces sublimes pages,
Histoire écrite et prise au sein même des âges,
Dont les mains ont tenu soit l'auge ou le burin,
Mieux aussi les chatons des pierres solennelles
Étincelaient au loin, sous les nefs immortelles,
Que le Fils du vrai Dieu choisit pour son écrin.

Alors j'eus par l'esprit des visions étranges !
De ma nature enfin faisant tomber les langes,
Je vis clair dans la nuit comme à midi du jour ;
Seulement mes regards, fascinés par le rêve,
Ne virent plus alors de la famille d'Ève
Les milliers d'êtres bruts pullulant à l'entour.

Car des lueurs drapant de feux la cathédrale
Enveloppaient alors l'œuvre architecturale
Illuminée au loin de la face au chevet !
Je vis se dessiner, mystérieuse forme,
Une image aux traits purs devant cet ange énorme
Priant dans le feston ogival au sommet !...

VI.

Cette grande figure,
Éblouissant augure
S'étalant à mes yeux,
Se posa fantastique
Sur le sommet gothique !
Quand, pour me montrer mieux
Sa forme présumée,
Ce corps d'abord fumée
Se logea dans les cieux.

Si bien que cette éclipse,
Nouvelle Apocalypse
Se dévoilant soudain,
Prit et forme et visage,
Et, sortant du nuage
Qui dérobait son sein,
Elle eut, noble statue,
Pour piédestal la nue,
Le vide pour soutien !

Dans l'extase nerveuse
Ma verve alors rêveuse
Créait, nouveau trésor,
A cette image étrange,
Qui pour elle était ange,
D'autres beautés encor !
Quand soudain sur sa tête
Parut, céleste crête,
Une auréole d'or !...

Et sous la robe blanche
Appliquée à sa hanche,
Sur ses seins découverts
Se jouèrent, mystiques,
Deux courants magnétiques ;
Et la Vierge des airs,
Penchant vers moi la tête,
Me regarda muette,

Mais les bras entr'ouverts!...

Mon ardente prunelle
Cherchait alors en elle
Un séraphin de Dieu
Descendu sur la terre,
Lorsque, nouveau mystère,
Je vis, juste au milieu
Du front de cette femme,
Jaillir, trait de son ame,
Une aigrette de feu!

Puis quand, nouveau Protée,
Elle m'eut, haut montée
Fait voir, chaste faveur
En ses métamorphoses,
D'autres apothéoses,
Je la vis, oh bonheur!
Prendre, au gré de ma flamme,
Dans une main son ame,
Et dans l'autre mon cœur.

VII.

Depuis j'errai souvent, pensif et solitaire,
Tenant mes yeux du corps attachés à la terre,
Ceux de l'ame appendus à la voûte du ciel.

Cherchant à retrouver, dans ce cadre qui tourne,
Ma vision, d'en haut incroyable retourne,
Faite pour se confondre avec l'ange Uriel!...

Mais cent jours écoulés de crainte et d'espérance,
Et le cœur toujours gai de ma triste ignorance,
        J'étais en vain venu,
L'âme encor à la main voir à la même place!
Et mon esprit toujours s'égarant dans l'espace
        S'en revenait plus nu!...

Et jamais ma constance un seul instant lassée,
Dans la châsse du doute incessamment placée,
Ne s'était retournée aux plis de son linceul!
Tant j'aimais, dans mon âme en glace ainsi coulée,
Chercher dans mon extase à ma guise moulée,
Ces plaisirs vrais du soi que l'artiste entend seul!

Mais le ciel le voulait; le grand jour allait naître,
Jour de lumière vive où j'allais tout connaître,
        Enfer, ciel, ciel, enfer!
Ainsi que fit le Verbe au sein des cieux propices,
Voulant enfin placer mon cœur sous ses auspices,
        L'ange s'était fait chair!...

VIII.

D'une vierge éplorée
Endossant la livrée
Et la tête entourée
D'un cercle noir qui luit,
Je vis sur mon passage
Fuir, comme en un mirage,
Une femme au cœur sage
Quand approchait la nuit!...

Mais comme moi placée
Sous l'œil de la pensée,
Dans l'enceinte enfoncée
Du temple où j'admirais,
De la fille des nues,
De qui les formes nues
M'apparurent connues,
Je démêlai les traits!...

Mais ces traits, chose étrange!
N'avaient gardé de l'ange
Qu'un céleste mélange
Fait de germes humains!
Elle offrait molle pose,
Pieds mignons, front qui n'ose,

Sein de lys, lèvre rose,
OEil de feu, froides mains!...

—

Alors dans mes veines,
Où coulaient les peines,
Je sentis soudain
Que les grandes haines,
Faites de mes chaînes,
Pour le genre humain,
S'envolaient chassées
Comme les rosées
Au front du matin.

Et dans ma poitrine
Une main divine,
Passant à son tour,
Reprit à ma mine
Son humeur chagrine,
Griffe de vautour
Qui broyait mon ame,
Quand mon cœur de flamme
Convoitait l'amour.

—

Et ma vie.
Amaigrie

Si longtemps,
Fraîche rose
Se repose
Des autans
Pour renaître,
Nouvel être,
Au printemps!
Comme l'ame
Que réclame
Les mourants
Se rattrape
A l'étape
Des vivants!...

—

Et sur cette femme,
Depuis que mon ame
A lié sa flamme,
Je l'admire heureux ;
Car chaque parole
Qu'elle dit console,
Brillant à mes yeux
Comme une auréole
Qui vers moi s'envole
De son front pieux!

Tant la lente fièvre
Qui de plaisirs sèvre

Au vent de sa lèvre
De suite se tut !
Que je me demande,
Question bien grande,
Quoiqu'étant au but,
Encor bien que j'aie
Au cœur une plaie,
Si la fièvre fut !...

—

Car l'image faite ange,
Malgré l'heureux mélange
Des reflets de là-haut,
Pour me montrer son ame,
D'ange s'est faite femme !
Voyant ce qu'il me faut,
Ainsi n'a changé d'être
Que pour faire connaître
Mieux tout ce qu'elle vaut !...

Elle savait sans doute
Déjà ce que j'ajoute
De respect, chaque jour,
A la double nature ;
Car dans la créature
Dieu mêle tour à tour
A l'heure qu'il l'agence,
Aux nerfs l'intelligence :
Deux dons de son amour.

Cette belle au teint pâle,
Au regard tendre et mâle,
Au cœur chaud comme moi,
Me jeta l'étincelle
Du feu de sa prunelle,
Et, sans savoir pourquoi,
J'eus un frisson étrange!...
C'est que cette femme ange,
O forme! c'était toi...

IX.

Tu t'en souviens, amie, et je me le rappelle,
Car le cœur a pour dot la pensée immortelle
Tant qu'il vit animé par le souffle de Dieu.
Eh bien! l'heure du jour, l'occasion, le lieu,
Germes de poésie à la tienne agencée,
Comme des reflets d'or nagent dans ma pensée.

Et plus tard quand nos cœurs, à l'amour qui les prend,
Auront, ivres de joie, appris tout ce qu'il rend,
Quand l'un l'autre emportés dans le ciel de délices
Que rêveraient en vain les passions factices,
Nous aurons, époux vrais, après d'heureux élans,
Gagné, gais voyageurs, la vieillesse aux pas lents,
Toujours nos souvenirs, de l'âme heureux mirage,
Nous feront oublier les ans, dont le ravage

Gravera sans pitié ses rides à nos fronts,
Cet écu blasonné de nos jours qui s'en vont!...
L'un près de l'autre assis à l'âtre qui pétille,
Ou sous l'œil miroitant de l'étoile qui brille,
OEil pour œil, cœur à cœur, voix à voix, main à main,
Peu soucieux de l'heure, espérant à demain,
Ta main, ta voix, ton cœur, tes yeux comme une flamme
Activeront ma main, ma voix, mon œil, mon ame;
Et remontant ensemble à travers nos plaisirs,
Sans doute veufs alors de crainte et de désirs,
Aimant à nous pencher au seuil de l'autre monde,
Nous verrons de l'amour, qui ce jour nous inonde,
Les flots que nous pouvons à peine contenir,
Nivelés au lointain, d'eux-mèmes s'aplanir!...
Et puis remaniant jour par jour notre vie
Après ses ouragans par son calme suivie,
Nous pourrons, à l'abri de nos cheveux blanchis,
De toute passion du jeune âge affranchis,
Purgés du feu sacré que l'amour inocule,
Toucher sans nous brûler à ce volcan qui brûle!
Et dans la paix de l'âme et dans la paix du corps,
Comme dans nos combats d'amour, être d'accord.

Oh! combien dans ces jours où nous pourrons descendre
De feux purs surgiront dormant sous notre cendre!
Combien de gais tableaux, œuvres de nos deux cœurs,
Viendront démesurés étaler les couleurs
De nos mains d'autrefois pour nous-mèmes broyées,

Et qu'au flot des plaisirs nous dédaignions noyées!...
Combien de traits du cœur, combien de jets de feu,
Ne pouvant convenir, ô muse! qu'à nous deux !

Mais c'est surtout le jour qu'eut lieu notre rencontre,
Que par empiètement mon œil déjà me montre !
Et Notre-Dame, et toi, comparables trésors,
Si pieux par le cœur et si beaux au dehors,
Et l'ogive et le trèfle et la croix symbolique,
Aspect mystérieux de cette basilique,
Cloches et clochetons, et façade et chevet,
Et dalles de granit et métal du sommet,
Nervure de la voûte, argentines clochettes,
Et gros piliers formés de mille colonnettes,
L'orgue aux multiples voix, grande et petite nefs,
Forêt d'arceaux croisés s'enlaçant dans leurs clefs,
La rose du portail, religieux cyclope
A l'œil aux cent reflets du caléidoscope,
Abside sainte; enfin tout le temple de Dieu,
Et pour âme du tout, toi, toi forme, au milieu,
Complétant les beautés de cette œuvre immortelle
Par les beautés qu'aussi tu gagnais avec elle,
Nous apparaîtront grands de notre intimité,
Grands de nos saints transports marqués d'impiété,
Grands de cette grandeur que toute âme interprète
Selon les souvenirs que le passé lui prête!...

Puis si quelques amis, des cœurs intelligents,

Viennent à nous conter leur passé, braves gens,
Ils mêleront, joyeux de confondre nos rôles,
Le ton de leur voix lente à nos lentes paroles ;
Car nos cœurs, détaillant la vie en nos discours,
Se feront double joie à suivre leurs amours !...
Eux diront leur bonheur, et nous dirons le nôtre :
La femme en sera dieu, l'homme en sera l'apôtre !
Nous aurons bons vieillards des voluptés de rois,
Car nous rappellerons aux jeunes nos vieux droits ;
Et l'entretien du soir, flottant entre deux rêves,
Du jeune âge au lointain explorera les grèves,
Et si de temps en temps nous trouvons une fleur
Ce doit être à l'endroit où j'ai trouvé ton cœur.

———

Mais quand ma muse ainsi me rappelle à la vie,
Apocalypse immense où l'âme est asservie
A ce lourd cauchemar que l'on nomme réveil,
Hélas ! pour mon bonheur formé de toutes pièces,
Pourquoi faut-il encor craindre en mes allégresses
De regretter un jour tous mes jours de sommeil !...

Enfant, comme autrefois je viens de faire un rêve,
Comme autrefois je viens d'écrire sur la grève
Quelque grand projet vain qui de mon âme sort ;
Mais pour rentrer ainsi dans la vie en délire,
Mon Dieu ! de l'ange-femme enfin puis-je me dire :
Son âme est à mon âme et son corps à mon corps !

L'AME AU FOND.

I.

Qui me dira ma route
Dans ce val où le doute
De force et d'ardeur joute
Avec l'impiété ?
Qui me pourra, par grâce,
Indiquer une place
Où mon cœur, qui se casse,
Puisse vivre abrité ?...

Qui me dira l'issue
Où mon âme déçue,
Par le chagrin mordue,
Doit trouver une main
Pour fuir, triste amoureuse,
Loin de la fosse creuse
Où l'âme désireuse
Peut trouver un chemin ?...

Ici, sur cette terre,
Triste sol délétère,
Tout cœur aimant s'altère

Dans un lourd frottement ;
Car lorsque d'aventure
Une bonne nature
Veut y prendre pâture
Tout lui semble irritant !

Aussi, triste isolée,
Elle court désolée
Et se couche immolée
Sur le seuil des humains !
Qu'elle change de place,
Toujours, quoi qu'elle fasse,
Son triste cœur s'enlace
Souffrant entre leurs mains !

Et pourtant dans l'ivresse,
Ladres à leur détresse,
Qui peu les intéresse,
Ils dansent, joyeux fous !
Et moi, dans mon langage
Inconnu de cet âge,
Je leur dis leur adage :
Hommes, amusez-vous !...

II.

Courez ! voguez sur l'océan du monde,
Puisqu'en ses flots vous voulez vous plonger !
Assise au bord, de mon œil qui tout sonde,
Bien mieux que vous je vois votre danger.

Je vois sans goût ses voluptés, faux charmes,
Comme un torrent disparaître à mes pieds,
Et je m'effraie et me sens en alarmes
Du sort de ceux qui s'y plongent noyés.

Moi, contemplant ces voûtes éternelles
Pour qui s'y plaît, siége de si beaux jours,
Je m'écriais dans mes douleurs réelles :
Mon Dieu ! mon Dieu, serai-je ici toujours !

Sondant d'un pied cette onde fugitive
J'allais risquer un pas chez les humains,
Quand le Seigneur m'enchaînant à la rive,
Un ange vint qui me tendit les mains :

Sa charité, verve compatissante,
Sourit alors à mon œil attristé ;
Le sien disait : Ne sois plus gémissante,
Lève-toi ! viens... Je n'ai pas résisté...

Et je lui dis : Fuyons loin de la vie !
Son ciel est brun à m'abreuver de maux.
Dans ce climat, qui n'est pas ma patrie,
J'y pleurais seule, errante, et sans repos.

Merci, mon Dieu! mon bon ange m'appelle!
Suis-moi, dit-il, aux champs que Dieu m'a faits;
Viens, tu prendras ton essor sur mon aile;
Dans mon ciel d'or tu vas avoir accès.

III.

Vois-tu là-haut ces sphères,
Célestes acrotères,
Qui brillent à nos yeux?
C'est pour nous que sont faites
Ces nombreuses planètes
Miroitant dans les cieux!...

Vois, derrière les nues,
Ces limbes inconnues
Et qu'habite l'oubli :
C'est là que vos années.
Par siècles ordonnées,
S'ablutent aujourd'hui.

Et là-bas, dans ces plaines

Où de l'air les haleines
Soufflent frais et repos,
Vois ces mille phalanges !
Eh bien, ce sont les anges
De Dieu, légers suppôts !...

Sur ta tête dénombre
Les étoiles sans nombre
Du ciel, vaste pivot !...
Sous tes pieds les abîmes
Des humaines victimes,
Incroyable dépôt !

A ta droite, regarde
Ce soleil qui parade
A l'horizon lointain...
C'est l'astre du génie,
C'est peinture, harmonie
Dans un orbe sans fin !...

A ta gauche, découvre
Dans la brume, qui couvre
A nos yeux les objets,
Cette lueur qui tremble :
Nous l'atteindrons ensemble !...
C'est l'astre des succès !...

Tous ces lieux que j'habite,

Pauvre âme, je t'invite :
Viens les voir avec moi !..
Exerce ton génie,
Et bientôt pour patrie
Ces lieux seront à toi !...

Puissé-je, hélas ! mon archange, ô mon frère,
Dans ces sentiers si beaux suivre tes pas !
Oui, sous tes yeux j'entre dans la carrière :
Je n'y saurais avancer sans ton bras.

Ah ! prête-moi, mon archange, assistance :
Faible en chemin je ne puis rien par moi !
Sois le bâton d'où viendra ma puissance :
Je ne crains rien en m'appuyant sur toi.

Ah ! sous ton ombre, à l'abri des orages,
Sur cette mer j'oserai des regards...
Je crois en toi, ne crois plus aux naufrages :
Son flot a moins d'écueils de toutes parts.

IV.

Entre son aile blanche
Et son dos qui se penche
L'archange m'emporta !
Et voyageant, assise

Ainsi, jusqu'à la brise
Que pour lui Dieu créa,

Je traversai les mondes
Pleins de clartés fécondes,
M'élevant dans les cieux,
Jusqu'à ce que la terre,
Comme un point sur la sphère,
Disparût à mes yeux!...

Alors, du haut des mondes,
Immensités profondes
Que Dieu fit pour sa main,
Mon œil, puissant mystère,
Comme sur cette terre,
Ne vit plus de lointain.

Tant, assise sur l'aile
De l'ange, ma prunelle
Embrassait tout autour!...
Que je vis, sainte extase,
Le soleil ou la vase,
Toute chose en son jour !

Et pourtant , ainsi faite,
Loin de perdre la tête,
Je regardais partout...
Partout aussi des choses

Je débrouillai les causes
Et le centre et le bout !...

Si bien que dans une heure,
Ce n'était point un leurre,
Sur mon ange, accouru
Vers moi sur cette terre,
Dans le vaste mystère
J'avais tout parcouru !...

V.

Vastes sphères,
Cieux et terres
Leurs pivots ;
Et les nues
Inconnues
Et les flots !
Les abîmes
Et les cimes,
Tous les points :
Les planètes,
Toutes crêtes
Et leurs joints !
Les phalanges
Des saints anges,
Sûrs agents :

Toutes plaines,
Les haleines
De tous vents !
La patrie
Du génie,
Tout au fond
La prière...
La lumière
A mon front !...

—

Et tandis qu'emportée avec lui dans l'espace,
Des mondes infinis j'avais tourné la face,
Je croyais, admirant, rester au même endroit,
Tant j'étais bien assise au duvet de son aile
Que je m'y reposais, créature mortelle,
Dans le calme infini de toute âme qui croit !

Et pourtant je devais bientôt, moi, faible femme,
Remise aux durs cailloux où se frotte toute âme
Dans ce monde si loin qu'il paraît oublié,
Dans le cahotement de cette vie informe,
Être à la fin rendue au limon qui la forme
Pour quelques jours encor, faible objet de pitié.

Car son heure approchait où mon archange en grâce,
Suivant son tour de rôle, allait prendre sa place,
Sentinelle priant près du trône de Dieu...

Alors, toujours bercée en son vol, dans l'extase,
Il vint me replacer au bord, près de la vase;
Et quand je regardai... je me vis en mon lieu...

—

Gelée
De froid,
Troublée,
Sans voix,
Ma vie
Ainsi
Convie
L'ennui;
Et l'ame
En sueur,
La flamme
Au cœur,
Mon rôle,
Sans goût.
Se frôle
A tout...
Muette
Aux sens,
Ma tête
Penchant,
Ma bouche
Bientôt
Se bouche

Aux mots!
Moins forte,
Toujours
Mi-morte,
Un jour :

VI.

O Dieu d'en haut! seigneur Dieu! m'écriai-je;
J'étais si bien avec mon ange au ciel!
Ne m'aviez-vous laissé ce privilége
Que pour me mieux rejeter dans mon fiel?

Pourtant, mon Dieu, mon âme belle encore
N'était point faite, ô Dieu! vous le savez,
Pour se froisser, exilé météore,
A chaque pas entre ces durs pavés...

Si vous n'avez envoyé cette épreuve
Au cœur flétri qui ne croit plus qu'en vous
Que pour l'unir avec une âme neuve,
Eh bien, mon Dieu, j'aurai cœur jusqu'au bout!

Frappez toujours moi, votre créature;
Mais, ô mon Dieu, frappez de votre main,
Car elle sait guérir toute blessure;
Frappez, mon Dieu!... je guérirai demain.

VII.

Mais cent fois vingt-quatre heures
Devaient plomber mes pas
Sans qu'aucunes meilleures
N'arrivassent, hélas!...

Si large fut la plaie
Alors de mon espoir
Que quiconque s'effraie
Eût tremblé de la voir!...

Je n'avais plus dans l'ame
Que loques et débris,
Dans le cœur plus de flamme,
Plus d'idée à l'esprit!...

J'errais triste, bilieuse,
Le front lourd, le teint blanc,
L'œil, à lueur visqueuse,
Extravasé de sang!...

La lèvre froide et sèche,
La fièvre dans les mains...
Dans mon cœur une brèche.
La glace dans les seins!...

VIII.

Quand le centième jour donna son crépuscule,
A cette heure où la foule en tous plaisirs circule,
Où tout Paris se rend aux spectacles, au bal,
Où la volupté vile allume son fanal,
A l'heure où la folie en vices condensée
Attriste l'âme veuve et flétrit la pensée,
A cette heure où pour l'homme exilé dans son cœur
Toute force aboutit à ne voir, autre erreur,
Dans les mille clartés du monde que ténèbres,
Et dans ses chants de nuit que des accents funèbres,
Seule, comme toujours refoulée en mon coin,
Soupirant l'heureux jour que j'aspirais de loin,
Je laissais greloter mon âme dans sa glace,
N'osant même appliquer mon regard sur l'espace,
Lorsque, levant les yeux en prières au ciel,
Devant moi, souriant, parut mon Uriel,
Non plus tel qu'il s'était montré sous forme d'ange,
Mais de l'homme ayant pris la forme de mélange,
Et pur esprit toujours quoiqu'habillé de chair,
De sa prunelle feu son œil gardait l'éclair.
Du plus loin qu'il me vit mourante sur la rive,
Exhalant ma douleur dans une ode plaintive,
Son accent qui pénètre arrivant jusqu'à moi,
De la voix et du geste il me dit : Lève-toi!...

IX.

Dans sa figure
Mâle et si pure
Sous masque humain
Je vis sourire
Tout le délire
Du séraphin !

Mais ma prunelle
Ne vit plus d'aile
A ses deux bras :
Pourtant mon âme
Pouvait sans blâme
Suivre ses pas !...

Puis, gaie et folle,
A sa parole
Je me levai
Calme, mais ivre,
De pouvoir suivre
L'être trouvé

De qui l'essence
Et la science
Vibraient en moi,

Art, tu sais comme,
Car cet ange-homme,
O c'était toi!...

X.

C'était toi; car ton Verbe inspiré de science
Dans mon cœur qui l'entend se distille en essence !
C'était toi; car depuis, me réchauffant toujours
Au rayon chaleureux de tes savants discours,
Je cueille, sur ta lèvre en semonces fécondes,
Les mille traits de feu qui reflètent les mondes,
Et me montrent, grand œuvre en ses enseignements,
De la terre et des cieux les entrelacements !
C'était toi; car depuis que ta voix me constelle
Je monte à la lumière aussi bien que sur l'aile
Que m'a tendue un jour le séraphin de Dieu,
Pour les extrémités connaître et leur milieu ;
Et debout maintenant, un seul pied sur la rive,
Avec l'autre je sonde un monde qui dérive
Passant, torrent troublé par les éboulements
Que font en son parcours ses grands débordements.
Et quand hier encor étourdie et peureuse,
Aux joyeux cris de mort de la foule rieuse
Mon esprit à mon pied aurait fait perdre pas,
Maintenant je suis forte, accrochée à ton bras !

XI.

Car tu me dis ma route
Dans ce val où le doute
De force et d'ardeur joute
Avec l'impiété!
Tu viens, je t'en rends grâce,
M'indiquer une place
Où mon cœur qui t'embrasse
Puisse vivre abrité!...

Par toi j'ai vu l'issue,
Quand mon âme déçue
Par le chagrin mordue
A rencontré ta main,
Pour fuir, gaie amoureuse,
Loin de la fosse creuse
Où l'âme désireuse
N'avait pas de chemin!...

Ici sur cette terre,
Triste sol délétère,
Tout cœur aimant s'altère
Dans un lourd frottement
S'il ne peut d'aventure
D'une bonne nature

Prendre pour nourriture
L'amour seul irritant!...

Mon âme consolée
Ne court plus isolée
Se coucher immolée
Sur le seuil des humains!...
Et sans bouger de place,
Art-ange, elle t'enlace!...
Pour fuir l'onde qui passe
J'ai pour bâton tes mains!...

Octobre 1839.

L'Étoile qui file.

A MADAME EUGÈNE BAHUAUD.

I.

Chacun, dans l'étoile qui file
Pendant la nuit au firmament,
De quelque croyance facile
Y rencontre le filament!...

Car tel est l'homme sur la terre.
Qu'il aime, passant son niveau,
A rattacher tout au mystère
Qui frictionne son cerveau!...

Partout aux siècles poétiques,
Heureux dans sa conviction,
Il la rapportait aux pratiques
D'une aveugle religion !...

Car, content d'admirer les choses
De la nature, saint milieu,
Il n'en recherchait pas les causes,
Certain de les trouver en Dieu !...

II.

Sainte croyance
De nos aïeux,
Ton influence
Portait aux cieux
Tout ce qu'aux yeux
Mère-nature
Leur faisait voir
De sa figure
Dans l'étamure
De son miroir,
Où se reflète,
Presque complète,
En chaque lieu,
Par abondance,
Soit la puissance,

Soit la clémence
De notre Dieu!
Ainsi l'étoile
Qui brille au voile
Du firmament
Quand elle file
Trouve mobile
L'homme docile
Au sentiment!...

III.

C'est ainsi qu'un autre âge
Y croyait voir jadis
Le départ du voyage
D'un homme au paradis!

Ou c'était le bon ange
Apparaissant au ciel
Quand on restait au lange
D'un péché véniel!...

Ou bien c'était une ame,
Au moment de la mort,
Qui, comme un jet de flamme,
S'élançait loin du corps.

Dans la légende, celle
Où se gaudit le cœur,
Elle était étincelle
Au foyer du bonheur.

C'était l'œil dans leur gloire
De ceux qu'en son roman
Consacre à la mémoire
La lyre d'Ossian!...

Puis c'était pour la fable,
Qui prit tout au plaisir,
Quelque sylphide aimable
Caressant le zéphir!...

Pour l'Égypte ancienne,
Qui ne croyait qu'au feu,
C'était, frôlant la sienne,
L'âme même de Dieu!...

C'était, suivant son rite,
Dans l'Inde d'autrefois,
La nocturne visite
Des fétiches aux rois!...

IV.

Cette flamme,
Chez l'enfant
Piaffant,
Porte à l'ame,
Son auteur,
Une joie
Où se noie
Tout son cœur!
Et puis l'homme,
Faisant comme
Les marmots,
Il l'admire
Sans lui dire
De grands mots!...

V.

Notre siècle, qui décolore
Tout ce qui tombe dans tes mains,
La réduisit en météore
Qui là-haut s'enflamme et s'éteint!...

Ainsi chaque siècle, sa mode,

Poésie ou précision,
Sur cette chose fit son ode
De savoir ou d'illusion!...

Décembre 1839.

Le Hatti-Sheriff.

~○~

A ABDUL - MEDCHID.

I.

L'Orient avait pris un crêpe pour coiffure ;
Constantinople en pleurs se voilait la figure ;
Les bestiaux humains par le Sultan nourris,
Les femmes en sérail, ces terrestres hourris,
Les visirs, les pachas, même les janissaires,
Hommes et femmes, peuple, enfants et centenaires,
Dans le même océan de douleurs ballottés,
Tournaient, noyés d'ennuis, leurs yeux d'un seul côté ;
Car au front consterné de la sainte mosquée
La mort, la faux en main, sentinelle embusquée,

Faisait, factionnant, les cent pas sur le seuil
Devant un corps royal gisant dans son cercueil ;
Le catafalque était velours et pierreries,
Armes se déployant en riches broderies,
Et plus que tout ce grand appareil des douleurs,
Priant pour le défunt, un peuple immense en pleurs ;
Car ce corps ayant eu tout honneur dans la vie,
Par son âme élevée eut sa dîme au génie !...
Mahmout, ombre à présent dans sa boite de plomb,
N'est plus qu'un froid amas de chair qui se corrompt...
    Pourtant, durant son ère, où tout ne fut pas roses,
Il saisit le levier en mains des grandes choses,
Et fort comme le Turc dont il fut un sultan
Vers une terre libre il poussa le Koran !
Si bien que, s'insurgeant dans son fief militaire,
Le vieux pacha du Nil, son ancien feudataire,
Pour sceller par la loi son usurpation,
Fit au cœur des croyants hurler la passion !
Et voilà qu'aussitôt flattée en ses alarmes,
L'Égypte, pour Ali, se vêtit dans ses armes ;
Et que, fiers bataillons, ces hommes du pacha
Tinrent campagne aux Turcs au nom sacré d'Halla !...
Oh ! combien de fureurs et combien de batailles,
Combien d'inimitiés, combien de funérailles,
Faisant trembler le sol où marchèrent leurs pas,
Pressèrent sous leurs pieds le cœur des deux États...
    Mais, dans l'épuisement de son royaume en flamme,
Mahmoud voulut encor, désir qui plaît à l'âme,

Après les mille efforts qu'il avait faits déjà,
Faire un dernier effort pour dompter le pacha!...
Car ce corps ayant eu tout honneur dans la vie,
Par son âme élevée eut sa dime au génie;
Mahmoud, ombre, pourtant dans sa boite de plomb
N'est plus qu'un froid amas de chair qui se corrompt.

II.

En vain l'esprit de Sa Hautesse,
Après avoir dit par Halla,
Avait contre son fier pacha
Lancé, reste de sa détresse,
Le dernier rang de sa jeunesse,
Qui devant l'autre trébucha!...

Près de Nézib en la Syrie,
Quand Hafiz allait succomber,
Il semblait, pour mieux englober
L'empire dans son avarie
Et compléter sa pénurie,
Que Mahmoud même dût tomber.

Car, hélas! quand une infortune
Tombe de bien haut, pesant poids,
Même sur la tête des rois,
C'est circonstance peu commune

Si, de peur de laisser lacune,
Mille n'arrivent à la fois!...

Cette fatale expérience
Que chacun subit tôt ou tard,
Un inconcevable hasard,
Despote de haute exigence,
Fit que le jour de ta puissance
T'envoya ce rayon blafard!

Car au-dessus du mausolée
Où gisait le corps de Mahmoud,
Une femme sur ses genoux
Parut, se traînant désolée,
De jets de sang bariolée,
Percée au corps de mille coups!...

Chacun, fatale raillerie,
Put lire écrit en traits de feu
Cette phrase, funeste aveu :
« Nézib, la fille de Syrie,
« A vu tomber votre patrie;
« Hafiz a perdu votre enjeu!... »

III.

Dans l'événement qui sourcille
Méhémet s'avance vainqueur,
Prêt à mâcher d'un coup, avide crocodille,
Le grand empire qu'il fusille,
Et que, puissant agitateur,
Sous son masque d'amour avec joie il gaspille...
Malheur! malheur!

Déjà s'ébranle son armée
Dont il vient d'essuyer la sueur
Aux feuilles du laurier dont sa vie est semée,
Et vers la Turquie alarmée,
Sous les ordres de son ardeur,
L'Égypte prend sa proie à l'instant désarmée.
Malheur! malheur!

Déjà même, qui peut le croire?
A Constantinople en terreur,
Montrant comme un drapeau son panache de gloire,
Des grands débris de sa victoire
Formant un trophée en hauteur
Ali la leur chantourne en succès méritoire.
Malheur! malheur!

Et cousant au front de sa toque,

Aux yeux du peuple en sa torpeur,

Son succès de Nézib, brillante pendeloque,

A s'insurger il le convoque;

Et, voyant qu'il en a frayeur,

Il lui rappelle, ardent Mahomet qu'il évoque...

Malheur! malheur!

Et t'ayant caché sous son ombre,

Grandes angoisses de ton cœur,

Tes ressources, qu'il voit de l'œil, il les dénombre;

Et n'en pouvant craindre le nombre

Aux yeux de chaque sectateur

Il jetait sur ton trône une lueur plus sombre.

Malheur! malheur!

IV.

Pauvre jeune sultan inhabile à l'empire,

Ton plus beau diamant, ton âge, en est le pire!...

Car pour tenir le trône en ces jours de douleur

C'est avoir mort qu'avoir de la jeunesse au cœur,

Tant l'inexpérience aggrave sa détresse,

Surtout quand un vieillard, dont l'âme est toute adresse,

File entre ses cinq doigts l'affreux suaire blanc

Dont il peut recouvrir ton trône encor enfant.

Pourtant, quand l'un des tiens, vieillard à l'âme verte,

Dans sa main qui tient fort prépare ainsi ta perte,
Quelle autre main, de l'ombre où te mit le pacha,
Sans effort et sans bruit, beau sultan, t'arracha!
Puissante et généreuse, infaillible en sa marche,
Quand tu pouvais périr elle t'offrit son arche,
T'en fit même à son bras monter chaque degré,
Quelquefois s'arrêtant ou pressant à son gré...
Et sur le flot changeant de l'océan du monde
Elle t'instruisit à ne pas craindre son onde,
Si bien qu'après avoir dicté partout sa loi,
Elle voulut enfin la promulguer par toi...
Et voilà que la paix s'élevant sur la guerre,
Autant ton avenir pouvait trembler naguère,
Autant par le présent l'avenir t'appartient;
Car ton front fatigué cette main le soutient;
Cette main, tu lui dois, Abdul, ta délivrance;
Cette main, tu le sais, c'est la main de la France,
De la France, Medchid, qui, puissante surtout,
Vit que ton pouvoir seul n'irait pas jusqu'au bout,
Et qui, pour ton repos de ton corps et de l'âme,
S'est présentée à toi t'adoptant, noble dame.
    Donc, tranquille, étendu sur un coussin de paix
Rembourré par ses mains, comblés de ses bienfaits,
Abdul, dors, beau sultan bercé par l'espérance,
La tête en plein repos, sur l'oreiller que France
A préparé pour toi dans son giron sauveur
Pour t'éveiller puissant dans un état meilleur.
Dors, Abdul, sur le sein de ta mère nourrice.

Sans craindre, beau sultan, que ton cœur y pourrisse!
Dors, comme un coq-en-pâte au fond de ton divan,
Rêvant de rêves d'or; Abdul, dors, beau sultan...
Dors! car le premier mot que t'apprit sa science
A fait entendre au monde un cri d'indépendance,
Et l'Orient, surpris de ce vagissement,
Trouve en ton premier mot son affranchissement;
Dors! car le lit de gloire où ton corps se repose,
Soyeux de ce duvet, est frais de cette rose...
Dors! Abdul, car l'orage aux mains de Méhémet
Prétexterait en vain la loi de Mahomet;
France est là pour éteindre en chaque mot la foudre,
Car sa dignité vaut mieux encor que sa poudre,
Et sa poudre pourtant on sait ce qu'elle vaut!
La France l'a fait voir à ses nombreux rivaux.
Dors! je te réponds, moi, sur l'honneur de la France,
Que tu peux t'endormir bercé par sa puissance!

V.

Oh! plutôt, Abdul, lève-toi!
Pour ta monture prends la loi;
Cours le pays partout, et vois qui t'apprécie!...
Car ton rôle, aujourd'hui géant,
Perdrait aux mains d'un fainéant!
Mahomet fut prophète : oh! tu seras messie!...

Aux yeux fais miroiter l'espoir,
De l'homme étourdissant miroir,
Et tous s'y prendront, comme aux champs les allouettes
Dans les filets de l'oiseleur,
Quand son bras, prestige enchanteur,
Fait briller à leurs yeux son miroir à paillettes...

Dans la régénération
De ta puissante nation,
Deviens grand par discours comme par la pratique,
Et dans la fusion des mœurs
Mets en fusion tous les cœurs,
Que laissa froids en barre une autre politique.

Grecs, juifs, chrétiens, mahométans,
Du hatti-sheriff commettants,
Négocieront la paix au profit du commerce,
Et la haine de leurs aïeux
Sous un vain prétexte pieux
Ne se dressera plus entre eux comme une herse.

Réunis en un seul faisceau
Par la cire de ton grand sceau,
Qui des hommes a fait une seule famille,
Tous les citoyens, tes enfants,
Entourant tes pas triomphants,
Mettront ta charte au front de leur vieille bastille.

Alors de chaque carrefour,

En éternel concert d'amour,

Mille voix porteront jusques à ton oreille

La parole sainte du cœur

Pour le sultan réformateur,

Autre encor vivante et non moins grande merveille !

VI.

Halla ! quel brillant paradis !...

Entre les hommes sur la terre

Plus de haine, plus de colère

Comme il en bouillonnait jadis !...

Et le tribunal des cadis

N'est plus qu'un hors-d'œuvre éphémère.

A toujours l'empire par toi

Se pose, au lieu qu'il se délabre.

En vain la routine se cabre :

Qu'on lui prépare son convoi !

Partout le règne de la loi

Détrône le règne du sabre...

Oh ! le si vaste monument

Que Mahomet a fait construire,

Quand chacun voulut le détruire,

Profitant de son dénûment.

Tu viens de le prendre, instrument
Entre tes mains à tout détruire ;

Non pas ce qui respire beau
Dans les coutumes de la Porte,
Mais seulement la lettre morte,
Risible et gênant oripeau,
Premiers filets de ton berceau,
Qu'en vain la vieillesse y colporte !

Oh ! quand le croissant qui décroît
Brille sur la société neuve...
N'allez pas croire qu'il se meuve
Dans un horizon plus étroit,
Car bon était qu'enfin le droit
Allât là-bas tirer épreuve !...

VII.

Dans ces cris de ton peuple arrivant jusqu'à moi,
Oh ! que j'aime en mon rhythme à m'élancer vers toi !...
Que j'aime, beau sultan, à ton front qui me tremble,
En trésor de pensers mêler ce qui me semble !...
Que j'aime ! méditant sur les faits accomplis,
De leurs grands embarras sondant tous les replis,
Me reposer, à l'heure où l'Orient épelle
Les premiers mots écrits de sa charte nouvelle.

Sur les splendides fins, beaux rayons de ton bras,
Qu'il admire sans doute et qu'il ne comprend pas;
Mais qui, tirant bientôt du sol de ton Asie
Les mille reflets d'or dont mon vers s'extasie,
Apprendront aux mortels, ralliés à ta loi,
Que le vrai créateur de leur bonheur c'est toi,
Toi! qui pour l'accomplir, venant après ton père,
A sa pensée en germe a donné ton artère!...
Mahmoud a commencé, toi tu devais finir;
Le présent est par lui, par toi vient l'avenir;
Car Mahmoud comprenait; tu fais plus, tu promulgues;
Le droit pour l'Orient c'est toi qui le divulgues...
Maintenant, beau sultan, tu peux crier : Halla!...
Ton empire est sauvé... c'est sublime cela!...

Décembre 1839.

Etude et Impressions.

A AIMÉ DE BAYALOS.

I.

Le sentiment dans l'art est sujet de la règle :
L'œuvre du sentiment, quelquefois puissant aigle,
Sans poétique peut planer grand dans son vol ;
Mais si haut qu'il atteigne en son audace active,
Jamais, si l'avenir ou l'occupe ou l'active,
Il ne doit pour le ciel perdre des yeux le sol !...

Car si deux éléments forment notre nature,
Sortant des mains de Dieu, dont la main tout mesure,
L'homme avec une âme eut pour autre dot les nerfs ;

Le génie aussi, lui, dans son œuvre pratique,
Est de double nature en la loi d'esthétique :
Étude, impressions... deux éléments divers,

L'étude, loupe immense, applique sa lentille
Sur les vices dorés dont la société brille,
Les étalant partout en oripeau joyeux ;
Et pour voir clair au fond du jour qui la couronne
Elle la met aux mains de l'art, qui, *cicérone*,
S'applique à nous conduire en tous ses chemins creux.

L'impression du nerf, corde de tout génie,
Que Dieu plaça dans l'homme, instrument d'harmonie,
Pour jouer concertant dans la création,
Quand elle nous a faits au sentiment des choses,
Apportant son effet dans l'orchestre des causes,
Corrige la rigueur de l'étude-action !...

Ces deux grands éléments de toute œuvre artistique
Doivent marquer leur doigt, surtout dans l'esthétique,
Pour que l'œuvre de l'homme ait vie à l'avenir,
Car au regard humain quand l'œil de Dieu se mêle
Rien de ce qu'il décrit n'étant vu pêle-mêle,
Nul souffle destructeur n'a force à le ternir !

Après avoir tâté du doigt de la pensée,
Gerbe de feu grégeois de ton cœur élancée,
La mesure au compas, de tout ce que tu peux :

Jugeant de l'œil la force en ton crâne amassée,
Tu pris, ferme en ta foi, toute étude à brassée ;
Et devant de créer tu t'étais dit : Je veux !...

II.

Parole noble et sainte à qui rien ne résiste,
Parole que Dieu met dans le cœur de l'artiste
Pour lui servir puissante, au moment du départ,
De bâton de voyage au dur sentier de l'art !...
Cette parole, Aimé, que Dieu seul t'avait dite,
Tu l'as gardée au cœur, maîtresse favorite
Qui vient dans tes moments de fatigue ou d'ennuis
Dans ce monde, où le fort seul a des ennemis,
Tracer avec son doigt, devant toi sur ta route,
Le sentier qu'effaçait tantôt le pied du doute,
Et qui, pour toi bon ange, apparaît protecteur
Sitôt que le courage est rentré dans ton cœur,
Étanchant de sa main l'eau qui coule à tes tempes
Quand l'étude à ton bras tu t'accroches aux rampes
Qui s'élèvent à pic vers le but escarpé
Où la gloire au marcheur prépare un canapé.

Tu peux m'en croire, va ! car l'homme a sa parole
Qui, pour n'être pas Dieu, n'en est pas plus frivole,
Tant le Verbe a voulu dans le don qu'il nous fit
Que l'homme eût quelque chose en lui du Saint-Esprit.

Ton crayon, que le siècle eût usé de bonne heure
Si, partageant aussi de tant d'autres le leurre,
Tu te fusses soumis au siècle libertin,
Rendurci par l'étude est à durer sans fin!...
Car tu n'es pas de ceux de qui la tolérance
Couvre tous leurs défauts d'une aveugle espérance,
Qui, pour se reposer de ce qu'ils n'ont pas fait,
Trouvent tout ce qu'ils font admirable d'effet,
Petits-grands confiants à mesurer à l'aune
A qui l'homme d'étude aurait à faire aumône
D'un rayon qui les pût peindre à leurs propres yeux
Accroupis dans la vase et se croyant aux cieux!
Oh! qu'il en est, hélas! dans le siècle ou nous sommes,
Qui, morts-nés au berceau, pensent être des hommes!
Ceux-ci, gorgés d'orgueil par un brillant début,
Jugeant que l'avenir sera du peu qui fut,
Déposent le laurier que leur tête dérobe
Dans les bras crapuleux d'une femelle en robe;
Puis d'autres, dont le but de la vie est le bal,
Y font danser leur âme, éternel carnaval...

III.

Toi, plus sage
Dans ta cage,
Nouveau Dow,
Donne ou prête

Ta palette
Au bon goût!...

Étudie,
Car la vie,
Mon ami,
Ne nous donne
La couronne
Qu'à demi...

Mais l'étude,
Beau prélude
Qui te rit,
Nous rappelle
Que sans elle
Tout périt!

Par le monde,
Qui tout fronde,
Même l'art,
Sait-on même
Qui nous aime,
Par hasard?

Mais l'escorte
Noble et forte
Du penseur,
Moins nombreuse,

Au moins creuse
Dans son cœur!...

Et la gloire,
Saint-ciboire
De l'esprit,
N'est couronne
A personne
Sans rescrit!

Marche, marche!
Monte à l'arche
Qui t'attend,
Bon refuge
Au déluge
De ce temps!

Que t'importe
Qu'on t'apporte
Plus ou moins?
La richesse
Ne fait presse
Qu'aux besoins!

IV.

Tandis que les autres s'amusent,

Et je dis, moi, tandis qu'ils s'usent
Au frottement de l'atirail
Que le monde traîne à sa suite,
Toi, tu te mets à la poursuite
D'une idée avec le travail !

Aussi que de voluptés grandes,
Que ne connaissent pas ces bandes
Vivant jour et nuit sans penser,
Viennent, comme des troupes d'anges,
Offrir leurs parfums sans mélanges,
Qu'elles brûlent pour t'encenser !...

Les unes vont sur ta paupière,
Les autres dansent sur la pierre
Où ton crayon suit ton cerveau :
Celles-ci, sautant dans ton ame,
Mèlent leur fraicheur à ta flamme,
Fières de leur époux nouveau !...

Après, quand toutes t'environnent,
Tu veux au prix qu'elles la donnent
Acquérir la postérité :
Nulles d'abord ne s'y résignent,
Et puis bientôt toutes te signent
Ce contrat de propriété !...

Grand et magnifique héritage

Que l'aveuglement de notre âge
Espère sans avoir gagné,
Et que ton crayon sympathique,
Dans la sphère lithographique,
T'a dès à présent assigné!...

V.

Ta pensée,
Avancée
Dans ton art,
Ne prélude
Dans l'étude
Qu'à l'écart.

Mais ton œuvre,
Sans manœuvre
De journal,
Brille noble
Sur l'ignoble
Piédestal

Où tant d'âmes,
Les infâmes!
Font encor
Vœu, pour vivre,

Que leur cuivre
Se fasse or !

Toi, sublime,
Sur la cime
Tu parais
Près du phare
Qui prépare
Tes succès!...

Quand ta verve
Te conserve
Ainsi grand
Sous le cintre,
C'est moi, peintre,
Que tu prends

Pour modèle,
Dans ton zèle
De travail,
Qui me signe,
Par toi digne,
Un long bail

Dans les âges
Où tes pages
Brilleront,
Et ta palme

Luira calme
Sur mon front.

VI.

Oh ! plus tard dans les temps où pour toi je m'enfonce,
Couvert du labarum que déjà je t'annonce,
Si quelqu'ami lisant les livres que j'ai faits
Donnait à leur auteur à sa guise des traits,
Toi, tu lui paraîtras tenant en main ta pierre,
Lui découvrant du doigt ma tête toute entière,
Non point telle jamais qu'elle paraît aux yeux
Du monde, où je souris quand j'assiste à ses jeux,
Mais pleine de l'idée à l'heure où je travaille,
Quand l'inspiration m'apporte sa trouvaille,
Ou que son coin de fer forme un pli sur mon front,
Lorsque sa main saisit une idée à tâtons,
Et que pour l'enchaîner au tuyau de ma plume
Mon cerveau l'analyse et bientôt la résume ;
Car tu n'as pas voulu, toi penseur par amour,
Que ce siècle à mes traits apportât son contour ;
Mais leur donnant plutôt leur sombre pétulance,
Tu mis entre nous deux ce trait de ressemblance,
Trait sympathique, ami, tenant de Dieu par toi,
Qui m'éterniseras... Et de l'homme par moi...

VII.

Aimé, quand ton crayon à tout jamais m'exhume,
J'ai voulu t'esquisser sous un trait de ma plume,
Et c'est à peine encor si j'ai parlé de toi !
Mais je t'ai parlé gloire et travail et couronne,
J'ai dit la double loi qui toujours t'éperonne :
Étude, impressions : deux thèmes de ta foi...

Mais comme ton esprit que le travail anime
Ne tombe jamais las en son œuvre sublime,
Soutenu par ton ange en ce glissant milieu,
Voilà que maintenant, peintre de ma famille,
Tu promets l'avenir à ma femme, à ma fille !...
Tout ce qu'au monde, ami, je préfère après Dieu...

Novembre 1839.

Note de l'éditeur. — Il ne s'agit pas en ces vers du portrait qui figure en tête de ce volume, mais d'une œuvre lithographique bien autrement capitale due au crayon du même artiste et qui a inspiré à l'auteur ce dithyrambe.

Les Portes-de-Fer.

AU DUC D'ORLÉANS.

I.

Ils avaient à leur tête un prince d'Orléans,
Devant eux des monceaux de défilés géants,
Dans le cœur du courage, et dans l'âme la gloire,
Du plomb dans leur giberne, un fusil sur le dos,
Pour point de vue un gouffre à dévorer leurs os,
Et Français ils chantaient un hymne à la victoire.

Quand au loin le simoun aboyait au désert
Mêlant sa voix de mort à leurs chants en concert.

Quand le soleil à pic s'appuyait sur leur tête,
Quand pour tout parasol ils portaient un drapeau,
Quand leurs lèvres n'avaient que sueur pour source d'eau,
Il était noble alors de rêver de conquète !...

Mais, travailleurs actifs, ainsi font nos soldats :
Pour ateliers ils ont tous les champs de combats,
Besogne de leurs cœurs, qui jamais ne les lasse ;
Car, dès qu'ils ont mangé de la poudre à canon,
La victoire leur met au cou son gonfanon :
Conscrits et vieux grognards sont de la même classe.

Bien plus, prince et soldats, avant tout citoyens,
Frères par la valeur, confondent leurs moyens :
L'officier a l'épée et le soldat a sabre,
Épaulettes de laine ou d'or, soit maréchal,
Officier, commandant, soldat et caporal,
Chacun, quand l'ennemi lui tient tête, se cabre.

II.

Contre les hommes qui font choc
Nos soldats sont à l'aise,
Oui ; mais lutter contre des rocs
Couvant une fournaise

Qui les peut étouffer

Sans mourir avec gloire,
Et vouloir triompher
Sans profit de victoire,

Et s'aller enfourner vivants
Dans l'étuve du doute,
Et n'avoir qu'un mot : En avant!
Pour leur carte de route.

Quand l'ennemi des yeux
Dit : Quels sont donc ces hommes?
Chacun répond joyeux :
C'est ainsi que nous sommes!...

Et les voilà, soldats de fer,
Françaises cohortes,
Pour promener en cet enfer,
Qui se pressent aux portes...

Tous marchent aspirant
Au danger; puis, honnête,
Chacun reprend son rang,
Le prince marche en tête!...

III.

La meilleure clef

Aux mains des cohortes
Pour forcer ces portes
Était un bon chef ;
Car quand la nature
Posa la serrure
De ce grand cercueil,
Elle dit, charmée :
Jamais par armée
L'homme en son orgueil
N'aura l'âme forte
A forcer la porte
Pour franchir ce seuil ;
Car ce gouffre immense,
Ce serait démence,
Quand on le commence,
De se croire au bout ;
Et l'homme en sa force,
Eût-il sur le torse
Pour banne une écorce,
S'il s'y plonge, y bout !...
Pourtant notre armée,
Sans être alarmée
De ce grand péril,
Sûre du fusil
Qu'au dos elle porte,
Franchit cette porte,
Plus sûre qu'en fer ;
Et, victorieuse,

Elle sort rieuse
Contre Abd-el-Kader,
Toute glorieuse
De surgir poudreuse
De ce triple enfer,
Presque aventureuse...

IV.

Deux amers torrents comme on n'en retrouve pas,
L'un l'Ooued-Boukethenn, l'autre l'Oued-Mellah,
Ont en s'entr'embrassant, sous leurs rudes étreintes,
Dans les Bibans, creusés par eux, mis leurs empreintes,
Et leur eau maintenant court dans la profondeur
D'un lit dont les bords ont neuf cents pieds de hauteur!
De la main du torrent effrayantes entailles,
Sur chacun de ses flancs se dressant en murailles,
Comme si le grand corps qui se tord dans le fond,
N'admettant pas que l'homme, être qui tout confond,
Vînt de son pied gêner sa marche solennelle,
Voulût n'être touché rien que par sa prunelle.
L'Arabe du désert, s'il rôde en ce chemin,
Détourne son coursier en retirant sa main;
Quand parfois l'animal courageux qui le porte
Darde tout enflammé son œil vers cette porte,
Il le pique fuyant vers le Dra-el-Hamar.
L'aigle romaine, même aux beaux jours des Césars,
N'osa jamais non plus, dans son vol de conquête,

Entre ces portes-là même passer la tête ;
Jamais, dans son ardeur à vouloir tout dompter,
Son cœur n'eut, quoique noble, envie à l'affronter,
Tant l'effroi la saisit en regardant ce gouffre
Qu'il la prit à la gorge ainsi qu'un feu de soufre.

Le vingt-huit octobre, en mil huit cent trente-neuf,
La France, toujours prompte à renvoyer l'éteuf
Que la main de la haine a dirigé contre elle,
Réveilla le torrent dans sa marche éternelle ;
Et, pour intimider l'émir Abd-el-Kader,
Son armée eut accès dans les Portes-de-Fer ;
Car devant ses soldats, que précédait le prince,
Le rempart du torrent fut difficulté mince,
Et son sabre qui pend devenant son ciseau,
Pour trace de ses pas y déposa deux mots,
Deux mots ! mais contenant tout le vocabulaire
Du courage, installé partout son titulaire :
Armée en qui respire éclat et sûreté,
Française en qui respire honneur et liberté !

Puis, pour accompagner ces deux mots son histoire
Mis aux Portes-de-Fer en signe de victoire,
Quatre chiffres liés, mathématique mœuf,
Font millésime : Un *un*, un *huit*, un *trois*, un *neuf*.

Et quand elle eut ainsi, notre française armée,
Dit son œuvre en deux mots, prenant une ramée,
Laurier-vierge cueilli sur les Portes-de-Fer,
A la France en sortant elle entonna son air...
Oubliant qu'en sa course elle avait fait vingt lieues,

Et devant elle au loin voyant les plaines bleues,
Qu'un mirage attrayant étale sur tous points,
Elle partit chercher l'émir et ses Bédouins!...
Prenant, au confluent de l'Oueb-ben-Mansoure
Et de l'Oueb-Malehh, le pays qui l'entoure,
Puis sautant le torrent de l'Ooued-Redjellah,
La colonne atteignit le plateau de Hamza.
Ben-Salem panachait sur la crête opposée...
De nos braves, voyant la colonne posée,
Ben-Salem comme une ombre alors dut s'éclipser,
Et l'armée atteignit le bassin de l'Isser.

V.

L'Arabe perfide,
Devant nos soldats
Passant l'arme aux bras,
Attend, homicide,
Sans donner combat,
Que l'arrière-garde
Qui, braves schakos,
Jamais ne regarde
Le sac à son dos,
Ait fini tranquille
Sa dernière file
Pour, horrible jeu
De ces fourmilières,

Contre nos derrières
Commencer leur feu.
Alors, sans menace
Mais avec audace
Retournant la face
Contre l'ennemi,
On se forme en haie,
Et le plomb balaie
Le Turc sans merci !
Après cette joute,
Où restent des morts,
La colonne alors
Se remet en route,
Courant en Alger
Dire à la contrée
La voie explorée,
Même cadastrée,
Des Portes-de-Fer !...

VI.

Alger, belle conque marine
Appelant vers son bord
La richesse qui s'achemine
Si loin des autres ports !

Alger, ville aux corsaires

Qui s'est faite, sous main,
Sur l'eau, par émissaires,
Voleur de grand chemin...

Aujourd'hui, fille de la France,
Qui l'eût pu saccager,
Fait oublier l'intolérance
De son sol étranger.

A la ville avec joie,
Prince, rentrant vainqueur,
Hors murs, Alger déploie
Le luxe de son cœur !...

Vois ! ses larmes dans sa paupière
C'est de l'amour pour toi;
Le symbole de nos bannières,
Son article de foi !...

Et sa main, par ivresse,
Pour l'armée où tu sers,
Sur sa table lui dresse
Quatre mille couverts ?...

Elle aime à voir manger ces braves
Couverts de leurs lauriers;
Pour eux elle livre ses caves
Au broc des vivandiers !

Devant le peuple immense
Attiré pour vous voir,
Un bras vers toi s'avance
Chargé d'un saint devoir.

La palme que l'armée a prise
Sur les Portes-de-Fer
Sur ta tête brille devise
Et plus brillant éclair.

Et première couronne,
Duc, de son vœu loyal
Elle sera patronne
De ton bandeau royal!...

En toi donc se personnifie,
Beau prince d'Orléans,
Le succès qui te déifie
En ces soldats géants!...

Second et dix-septième
Légers; premier chasseurs,
Troisième; vingt-deuxième
De la ligne; artilleurs!...

VII.

Ainsi se compléta cette œuvre magnifique
Devant qui se réduit ce que la rhétorique
Contient de plus ronflant, à ce seul mot : honneur !
Et qui, dans les périls que traversa l'armée,
Ne laisse à la victoire un instant alarmée
Q'un seul mot à chacun pour bulletin : valeur !

Jamais encor depuis que, grand pivot du monde,
Le soleil des exploits tourne en sa sphère ronde,
Aucun peuple n'avait tenté si grand succès,
Et, pour réaliser de si puissantes œuvres,
Incroyables de route ainsi que de manœuvres,
Il ne fallait pas moins que des soldats français !

Mais quand tous aspiraient après cette conquête,
Fils de France, aussitôt tu te mis à leur tête,
Et triomphant par eux tu les fis triompher...
Oh ! qu'il est glorieux, prince, après la victoire,
De recevoir, toi chef, une palme de gloire
De soldats mieux trempés que les Portes-de-Fer !

Décembre 1839.

Sculpture.

A ÉMILE THOMAS.

I.

Émule de Dantan, que seul tu rivalises,
Dans ton front en travail je voudrais que tu lises
    Ton génie encor nouveau-né ;
Quand ta main, qui pétrit l'argile d'une tête,
Donne vie à son bloc, qui lui-même la prête
    A quelque front prédestiné !...

Je voudrais qu'on te vît à cheval sur tes jambes
Poursuivant tous les traits, comme moi les iambes,

Devant ta selle à travailler,
Rejetant de la main ta casquette en arrière,
Et plongeant avec feu ton œil dans la matière
Où ton ébauchoir va fouiller!...

Je voudrais qu'on apprît que ton talent qui perce
Sut, attaquant la place, entrer malgré la herse
Des difficultés sans espoir,
Puisque ton art si grand, mais difficile à rendre,
Tu vins, bon travailleur, par toi-même le prendre
Des grands maîtres sans en avoir.

II.

Marche, ardent jeune homme,
Dans ce monde comme
Les Hébreux jadis,
Fuyant l'esclavage,
Cherchaient en voyage
Leur doux paradis.

Le tien, que tu rêves,
Ne prend point de trèves
A le conquérir;
Car mieux qu'à personne
L'art a la couronne
A t'y départir.

Mais la tâche est rude!
Car c'est par l'étude
Que tout homme vit,
Et quand on est jeune
Plus d'un craint le jeûne
Du plaisir qui rit!...

III.

Oh! l'ébauchoir en main, au milieu de tes plâtres,
Modèles d'art dus à tes soins opiniâtres,
Quand d'autres, feux-follets dansant sur leur tombeau,
Inhabiles, sont froids au sentiment du beau,
Tu fais, jets de ton âme où l'avenir converge,
Surgir, comme Moïse un ruisseau sous sa verge,
Des groupes de guerriers à rendre l'œil hagard,
Ou des charges sans but où l'esprit seul prend part.
Oh! bien noble est encor le lot que je te taille,
Car ta main qui comprend ne fait rien vaille que vaille,
Tant l'amour de ton art a pris empire en toi,
Que le seul sentiment des choses est sa loi!...
Ainsi l'encens du jour, passant avec le monde,
Pour ton cœur qui veut plus est fumée inféconde :
S'il te faut le présent c'est en but d'avenir,
Car ayant commencé tu ne veux plus finir!...
Oh! crois-moi, ne fais pas comme ces gens de paille,
Don Quichottes dans l'art, dont ils sont la marmaille.

Qui, pour avoir produit quelques torses d'aplomb,
S'endorment espérant un éternel renom !...
Ce n'était point ainsi qu'au temps de nos ancêtres
Faisaient pour se survivre eux-mêmes les grands maîtres,
Artistes de courage et du cœur et du bras...
En ceci fais comme eux tant que tu le pourras ;

IV.

Sonde l'esthétique,
Code de pratique
En la loi de Dieu ;
Et vois, dans l'extase,
Quelle est chaque phase
De ce saint milieu !...

Juge les statues,
Ou qu'elles soient nues,
Ou sous le manteau ;
Sache en faire naître,
Sculpteur, jeune maître
En fait de marteau.

Que toujours ton âme,
Où ton art est flamme,
Le caresse au cœur,
Pour, par confiance,

Sonder la science
Dans sa profondeur !...

Et puis pour la forme,
En tout source énorme
De toutes beautés,
Observe, étudie
Les hommes de vie
Par l'art charpentés !...

Jean Just et Paul Ponce,
Dont le ciseau ponse,
Et Germain Pilon,
Foyatier, Feuchère,
Tout grand statuaire,
Surtout Jean Goujon !

Et pour patronage
Donne à chaque ouvrage,
Pour toi, grand sujet,
David, Michel-Ange,
Et fais-en mélange
De Pierre Pujet !...

V.

Artiste, ton esprit, qui partout tout observe,

N'en a pas moins toujours pour monture sa verve,
Prise aux haras de Dieu ;
Et ta main, la guidant, donne à tes personnages
La vie active en soi qui porte l'homme aux âges,
De tout art saint milieu !...

Oh ! combien dans le temps tu grandiras, artiste,
Si vers son avenir tout ton présent persiste
Dans le travail géant !
Car déjà, quoique jeune, en maniant ta glaise,
D'âme et de sentiment tu la pétris à l'aise
Comme Dieu le néant !

Janvier 1840.

Toute Vie.

❈

A MA MUSE.

I.

Toute vie
Est pétrie
De la mort
D'un autre être
Qui, pour naître
Faible ou fort,
A dû prendre,
Pour la rendre,
Pris qu'il est
Par nature,

En pâture
A qui naît!
Car la terre,
Tendre mère,
Bonne à tous,
Ne redonne
A personne
Son lait doux
Sans permettre
Qu'aucun être,
Quel qu'il soit,
Prenne et garde
Ce qu'en garde
Il reçoit!...

II.

Tout vit de quelque chose,
Suivant ses lois :
Le printemps de la rose,
L'hiver des bois!...

La folâtre hirondelle
Du pusseron,
La chaude tourterelle
Du frais mouron!...

La gravissante chèvre
  Vit du chardon,
Et l'enfant que l'on sèvre
  Du biberon...

L'Océan vit des fleuves
  Ses riverains,
Les langoureuses veuves
  De leurs chagrins!...

Moi je vis de ton ame,
  Qui vit de moi ;
Toi, tu vis de ma flamme,
  Qui vit de toi !...

L'onctueux rivesaltes
  Vit du soleil,
L'ami dont tu t'exaltes
  De ton conseil!...

Les vieux murs de lianes
  Aux bras tordus,
Et les mornes platanes
  De joncs fondus...

L'étalon vit superbe
  De fenaison,
L'homme vit de la gerbe

De sa moisson...

La terre, qui tout donne,
  Vit de donner;
La cloche, qui tout sonne,
  Vit de sonner!...

III.

De ta pensée
Sur moi placée
Je vis heureux,
Bornant mes vœux,
Songe ou chimère,
Oh! ma bien chère!
A suivre ceux
Que ta belle ame
Dégage en flamme
Quand tu me veux!...

IV.

Chaque saison que foule
  Le pied du temps,
De ce temps qui s'écoule
  Vit tous les ans!

Le volcan vit de soufre,
  Qui brûle ou sort ;
La tombe, vaste gouffre,
  Vit de la mort !

Le nuage qui passe
  Vit de vapeur ;
La perdrix que l'on chasse
  Vit de la peur !

L'artiste qui travaille
  Vit de son art ;
La coquette qui raille
  Vit sous son fard.

V.

De ta bouche
Qui me touche
Je vis gai.
Quand je l'ai
Toute une heure,
Que je meure
A l'instant !
Je ne sens
Que le souffle
Qu'elle souffle

En mes sens!...

VI.

Le monde à la lumière
  Vit du soleil
Comme notre paupière
  Vit du sommeil!

Paris, qui tout dénigre
  Et tout maintient,
Comme au désert le tigre
  Vit des humains!

La bonne àme chrétienne
  Vit de sa foi,
La croyance païenne
  Vit de la loi!...

Le ver des champs qui brille
  Vit de la nuit,
La folle jeune fille
  Vit du grand bruit!...

Mon cœur, pur de mélange
  Comme le feu,
Vit du tien comme l'ange

Vit du bon Dieu!...

VII.

Age
Nage
Longtemps!
Heure,
Fleure
Les ans!...

Père,
Mère,
Vivez!...
Filles,
Drilles,
Chantez!...

Plantes
Lentes,
Croissez;
Onde,
Monde,
Passez!

Ame,
Flamme

Du cœur,
Leste
Reste
Sans peur!...

VIII.

La vie a mille faces
Qui tremblent partout au regard:
Mais ces diverses traces
Ne sont pas l'œuvre du hasard!...

Car Dieu, dont la puissance
Emmancha ses divers ressorts,
Voulut, dans sa science,
Que tous jouassent sans efforts!...

Et sa main souveraine,
En maniant les éléments,
Noua la grande chaîne
Qui soude les petits aux grands!...

IX.

Fibre,
Vibre

En moi !
Ame,
Clame
En toi !...

Tête,
Quête
Des mots !...
Joie,
Broie
Nos maux !

Plainte
Sainte
Du cœur,
Rare,
Pare
Notre heur !

Est-ce
Liesse ?
Ou bien
Seule
Veule
D'un rien ?

Rêve,
Crève

Sur moi !
Ode,
Brode
Pourquoi !...

Bouche,
Touche
Sa main ;
Lèvre,
Sèvre
Son sein !

Meure
L'heure
Sans deuil :
Larme,
Charme
Son œil !

X.

Le papillon qui vole,
Fou voyageur,
Vit, lui, de la corolle
De chaque fleur !...

Le ver des champs qui brille
    Vit de la nuit,
La folle jeune fille
    Vit du grand bruit!...

Lorsque la bête fauve
    Vit de la chair,
Quand l'able qui se sauve
    Vit d'eau et d'air,

Lorsque tout dans le monde,
    Petit et grand,
Vit et donne, à la ronde,
    Selon son rang,

La beauté de l'ensemble,
    Vaste milieu,
En un bloc se rassemble
    Aux mains de Dieu!

En toi donc tout mon être,
    Comme le tout
Aux mains de Dieu vit d'être
    Enfin au bout!...

XI.

Que ma vie
Soit pétrie
De ton sort !
Et mon être
Va renaître
Frais et fort
Pour mieux prendre,
Sans la rendre,
Comme elle est.
Pour pâture
Ta nature,
Qui me plaît !
Car ton ame,
Chaste flamme,
Bonne en soi,
Ne se donne
A personne
Qu'à sa foi !...

Novembre 1839.

A ma Femme.

⁂

I.

— ELLE. —

Elle est blonde; son œil est un caillou de jais
Qu'enchâsse dans son front sa paupière, ce dais
Frangé de cils luisants comme une étoffe en soie,
Que rehausse ou sourire, ou larme, ou peine, ou joie.
Sa lèvre pure et rose et sans aspérité
Est le vase où toujours puise la vérité;
Car, comme en regardant son œil jamais ne louche,
Le mensonge jamais n'a fait bleuir sa bouche.
Son front, qui se déploie ainsi qu'un arc-en-ciel,
Ne prit point le levain de ses nerfs dans le fiel;
Et sa figure, où trône incessante son âme,

Doit faire incessamment oublier qu'elle est femme,
Car des autres elle a seulement la candeur!
Son cœur est le drogman qui m'explique mon cœur;
Son âme est le lexique où se traduit mon ame;
De tous beaux sentiments c'est l'étonnant programme:
Qui la connaît lui dresse un autel patronal;
On lui donne respect de cœur pour piédestal...

II.

— LA FOI. —

Quand vous verrez, pieuse,
Priant mais pour prier,
Dans l'église silencieuse
Une femme s'agenouiller
Dans le recoin d'une chapelle,
Vous pourrez vous dire : C'est elle!...
Moi, j'oserais le parier.

Car toujours sa belle ame,
Qui fait tout en son lieu,
Flétrit le mondain amalgame
Que d'autres mettent dans leur vœu!
Que lui peut faire qu'on la voie!
Elle est bien sûre d'une joie,
Car elle y vient pour prier Dieu!...

Chez elle la prière,
  Sainte conviction,
Projette sur sa vie entière
L'esprit de Dieu comme un rayon !
Et chaque phase de sa vie
Est la déduction suivie
D'une douce religion !...

  Épouse, mère, fille,
  Oh ! dans ce triple emploi,
Sa belle âme par son cœur brille,
Non pas en reflet de la loi ;
Car chaque amour de sa pensée,
Grande apocalypse, est passée,
Chez elle, en article de foi !...

III.

— L'ESPÉRANCE. —

Quand vous verrez aux chenets de famille
Une maman, admirable ornement,
Près de son vieux père, sauter sa fille,
Sur ses genoux, avec épanchement,

  Quand vous verrez une femme-génie,
Pour rajeunir les quatre-vingt-dix ans

Du bon vieillard qui lui donna la vie,
A tous ses vœux d'avance souscrivant,

Vous pourrez dire, avec ferme assurance,
C'est celle-là dont on parle en ces vers ;
Car sa vertu seconde est l'espérance
Qu'elle nourrit pour son père, et la sert !...

IV.

— LA CHARITÉ. —

A la promenade
Sur le boulevard,
Où Paris bavard
Se donne en parade
Étalant le fard
Sur son teint blafard
Et son cœur maussade,
Avez-vous, passant
Près d'une misère
Étendue à terre,
Vu, seule sur cent,
Une jeune femme,
Bon cœur et belle ame.
Sans prétention
Lui glisser sa bourse

Et prendre sa course
Par émotion?...
Croyez-moi, c’est elle
Qui met son argent
Noble en l’escarcelle
De ces pauvres gens;
Car la sainte aumône,
Trésor de son cœur,
Lui rend en bonheur
Tout ce qu’elle donne!...
Et jamais sa main,
Qui fournit sans cesse,
A ses yeux ne laisse
Aux pauvres la faim!...
La troisième astrale,
Ou théologale
De son cœur doté,
Est la charité,
Qu’en tout elle exhale...
Trésor de bonté!

V.

— L’ÉPOUSE. —

Si dans le monde, où le vice se pare,
Vous rencontrez une femme au cœur pur.

Fleur en ce siècle à découvrir si rare,
Après dix ans d'un hymen tout d'azur,

Qui sache aimer comme au jour de la noce,
Froid tabernacle où se gèle l'amour
Pris aux glaçons de ce grand sacerdoce,
L'homme choisi par elle en ce saint jour,

Et qui mettant à lui rester fidèle
Tout le plaisir dont les autres font fi!...
Vous pourrez dire en tout honneur : C'est elle!...
Je serai là pour l'attester aussi!

VI.

— LA MÈRE. —

Mais si, par aventure,
Vous trouvez en chemin
Une femme, bonne nature,
Si peu nombreuses sous la main
Qu'il faille retourner le monde
Pour en pêcher une dans l'onde
De ce siècle sans lendemain,

Qui, généreuse mère,
Dans son cœur triomphant,

Mette sa joie et sa chimère
Dans le plaisir ébouriffant
Qu'éprouvera seule la femme,
Qui s'applique à bercer son ame
Sur le chevet de son enfant,

Et de qui la tendresse,
Chaude comme le feu,
S'exerce à lui donner sans cesse
Le lait, l'amour, le lit, le jeu,
Doux trésors qu'elle lui dispense
Et qu'il trouve dans son enfance
Comme dans le giron de Dieu !

Vous pourrez par son ame,
Dans ce monde charnel,
Nombrer au profit de la femme
Un article additionnel,
Et vous dire encore : C'est elle !...
Car elle est tout ce que révèle
De plus beau le cœur maternel !...

VII.

— RÉSUMÉ. —

Garde longtemps pour moi ta pensée en rosaire.

Suspends là beau collier au cou de ton vieux père,
Pour qu'il ait sous la main, soit la nuit, soit le jour,
Pour ranimer sa vie un grain de ton amour!...
Car à tout pèlerin, dans ce triste passage,
La prière ou l'espoir donnent jambes à l'âge,
Pour dans ce monde étrange, où tout le reste est fiel,
Marcher avec ferveur sur la route du ciel!...
Donne en monnaie au pauvre à tous pas dans ta vie,
Cette active pensée en ton âme nourrie,
Comme tu fais, depuis qu'au mal tu dérobas
La plante de tes pieds quoiqu'au seuil d'ici-bas!...
Et puisque par penchant, vers le ciel élancée,
Dans la robe de Dieu tu loges ta pensée,
Inépuisable source où plonge ton amour,
Nage ainsi jusqu'au seuil de l'éternel séjour
Sur ses deux ailes d'or : l'aumône, la prière :
Deux trésors que le cœur trouve à l'heure dernière,
Quand l'âme, chrysalide, abandonne le corps
Pour se réfugier, belle, au sein du Dieu fort!...
    Oh! verse, en soins touchants, ta pensée à ta fille.
Faible roseau qui porte en elle ta famille,
Et qui, grâce à ta main, égide de son front,
Fut gardée au berceau de mort qui tout corrompt;
Car pour guider son cœur au sentier de la vie
Son bon ange, pour elle, est sa mère qui prie,
Qui, de son aile chair ainsi que pur esprit,
La couvre du duvet dont elle a fait son nid.
Sois telle ainsi toujours pour être reconnue

De tous ceux qui partout jusqu'à ce jour t'ont vue ;
Sois, ensemble pieux des plus rares vertus,
Le modèle parlant de tous ses attributs :
La foi sainte, par Dieu qui reçoit ta prière ;
Espérance, en l'amour que tu rends à ton père ;
Charité, par l'aumône où s'exerce ta main ;
Bonne épouse, en celui dont tu gardes l'hymen ;
Dévoûment, par ta fille en qui tout se résume,
Caresse de ton aile et rhythme de ma plume !...
Et Dieu, les indigents, ton père, ton mari,
Ta fille, heureux des traits dont ton cœur est pétri,
Dédrapant les contours de ton âme si belle,
Diront à tout venant : Regardez-la, c'est elle !...

    Elle ! ce nom qu'ainsi j'écrivis en ma foi
N'a dit personne : eh bien ! elle, Arsène, c'est toi !...

Décembre 1839.

TABLE.

—